ブレイクスルーへの思考

東大先端研が実践する発想のマネジメント

東京大学先端科学技術研究センター＋
神崎亮平 編

東京大学出版会

Breakthrough Thinking:
Putting Ideas into Practice at the
Research Center for Advanced Science and Technology, The University of Tokyo

Research Center for Advanced Science and Technology, The University of Tokyo
and
Ryohei Kanzaki, Editors

University of Tokyo Press, 2016
ISBN978-4-13-043037-1

はじめに

近年、社会の構造やしくみはますます複雑さを増し、そこに生まれる課題も多様化しています。そのような課題に対し、いかに迅速に、そして適切に対応できるかが問われています。

人間は自然の中に生き、自然を謳歌します。自然は魅力的であり、広大な自然を見れば誰もが、その美しさに魅了されます。不思議なことに、美しい世界は誰もが美しいと感じてしまいます。自然がどのようなルールによって成り立っているのか。自然を切り取り、それを論理的に記述するのが科学です。科学のアプローチは非常に多面的で、またその目指す対象も多種多様です。

自然界は、素粒子や原子、分子の小さな世界から、細胞、組織、人、社会、地球、そして宇宙へと階層的な広がりを持ち、スケールの小さな世界から大きな世界までさまざまです。このようなスケールや階層の異なる世界を切り出し、研究者はそれぞれの階層で、また階層をまたぎ、さらには階層を超越して、スケールフリーな自然界のルールを見定めようとしています。そこでは、理系、文系、社会科学と、一見まったく異なる目的で研究が行われ、その方法も思考も多岐にわたります。それでも、科学という切り口から切り込めば、そこにはたとえ分野が異なっても普遍的な思考があるかもしれません。根底に流れる何らかの共通項があって初めて、異なる分野の協創や融合が可能となり、社会に大きな影響を与えるようなブレイクが起こるのではないでしょうか。

本書は、東京大学先端科学技術研究センター（先端研）という東大の異端児的存在である研究所に所属し、これまで科学・技術分野における新しい研究分野を構築してきた研究者のインタビューを通して、彼らがどのようなスタンスで社会課題に向き合い、その解決を目指してきたかを生の声としてお伝えするものです。世界トップクラスの研究が生まれた経緯、発想、思考には、複雑な社会から生まれる課題を解決するヒントがあり、その考えの奥には、社会への大きなメッセージが潜んでいます。

先端研は一九八七年、今から約三〇年前に「これまでの大学の殻を破るまったく新しい研究機関」として設立されました。理系と文系の分離は当たり前、産学連携などとんでもないという時代に、先端科学技術を推進する工学、理学、さらに医学、そして、倫理・思想・哲学の面からこれらを支える人文・社会科学も含めた研究分野が一つに集まった組織として誕生し、産学連携を推進してきました。現在は、バリアフリー分野も加えた六つの研究分野で、基礎と応用を相互に進めながら融合研究が行われています。

組織面においても、減少が問題視される研究者の研究時間を最大限に確保するために、独自の運営体制を敷いています。「前例がなければ、自らが前例になればいい」という言葉が日々行き交い、これまでに、我が国の国立大学初の寄付研究部門の開設、大学の技術移転機関（現・東京大学ＴＬＯ）設立、我が国初の特任教員制度の創設、バリアフリー分野の創設など、多くの前例を作り出してきました。研究者には最大で原則一〇年という任期が課され、常に新しい人、最先端の研究の風が入ります。このような環境下で行われる研究は、もちろん多くの分野で高く評価されていますが、それらの研究を生み出した研究者の思考や人となりについては、一般の方はおろか、研究者同士でも知る機会はほとんどないのが現状でしょう。しかし、ここで展開されている最先端の研究、そしてそういった一流の研究を行う研究者が、なぜその発想や着想に至ったのか、どのような思考のもとで研究を展開してきたかは、きっと多くの方に大きなインパクトを与えるものだと確信しています。

この対談は、先端研の広報誌『RCAST NEWS』で、先端研の研究を、一般の方も含め広くわかりやすく紹介する企画として始まりました。五年前に広報室を組織改編した時に私が初代の室長となり、これ幸い、ならば私がインタビューしましょうと「喧研諤学」というタイトルで連載を行ったのです。その際、通常の広報誌のインタビューとは異なる、新たな視点を設けました。それは、研究者である私自身が「研究者の視点で、研究者の思考まで踏み込んでインタビューする」ことです。なぜなら、私たち先端研の研究者は、異分野の研究者との対話がもたらす効果とは、世界の第一線を走る研究者同士が起こすケミストリー以外の何者でもないことを、すでに十二分に実感しているからです。

先端研では月に一回、さまざまな分野の研究者が自身の研究を三〇分程度で紹介する「教授会セミナー」を開催しています。日頃聞くことのできない異分野の研究が誰もがわかるように噛み砕いて紹介され、研究や科学に対する思考のヒント、さらには社会応用へのきっかけを与えられることが頻繁にあるのです。毎回多数の研究者が参加するため、質疑応答が議論のようになってしまい、時には予定時間をオーバーすることもありますが、教授会セミナーを通して、実際に先端研内での共同研究や、企業との共同研究も生まれています。

ですから、広報誌の対談企画は、私にとってこの上ない極上の食事にありつけたようなものでした。世界を股にかけて活躍する著名な研究者を二〜三時間も独り占めし、好きに質問をしながら、研究や社会について話ができるのです。これが功を奏し、インタビューを始めるや、先端研の研究者のユニークなアプローチやその根底にある科学・技術に対する考えの面白さ、素晴らしさが引き出され、毎回その思考に感銘を受けました。さらには、インタビューを通して、全く異なると思っていた研究分野でも共通の思考があることを知ったときの感動は、えも言われぬものでした。

一方で、長時間にわたる幅広いインタビューであったにもかかわらず、広報誌ではわずか四ページ（約五〇〇〇文字）の誌面に詰め込まざるをえず、対談全体を通してからこそ伝わってくる、研究テーマへの強い意志やひたむきな行動力、そしてこの対談によって立ち現れたエッセンスのほんの一部のみしか掲載できないこと、本質を十分に伝えることができないことに、少々苛立ちを感じていたのも事実です。広報誌を読んださまざまな方から対談が興味深いという感想をいただくたびに、この語られることのなかった貴重なストーリーをより多くの方と共有したいという思いが強くなりました。そのような中で、インタビュー全体をカバーし、研究者の発想、経緯、思考まで踏み込んだ内容を再現した書籍の出版が企画され、本書が誕生することになったのです。

ここに登場する個性豊かな研究者たちが持つ多様な、また普遍的な思考は、研究者ばかりではなく、今まさに課題に立ち向かっているあらゆる人に、驚きと発見をもたらすことと思います。その場合も、一人の研究者の思考に偏るのではなく、複数の研究者の思考を知り、比較できるところに大きな意味があると考えています。読者のみなさんもさまざまな業種の仕事につかれていると思いますが、そのような立場から、多様な研究者の考えを知り、みなさんご自身の考えと比較するのはとても重要なことであり、そこから思わぬ共通項が見出され、それが問題解決の糸口となったり、さらには新たな着想に至ったりするかもしれません。本書の内容は、必ずや、多くの方の勉学や仕事に、さらには人生においても良質で豊饒な知恵を与えるものと確信しています。

折しも来年二〇一七年に、先端研は創立三〇周年を迎えます。記念すべき年を迎え、先端研の素晴らしい研究を紹介し、同時にその研究が生まれた背景や経緯を含め、研究への思考を示すことで、まさに「ブレイクスルーへの思考」のきっかけが生まれることを期待し、本書を発刊することになりました。一一名の研究者の血湧き肉踊る研究への思考が、どのような方にとっても新しい思考を必ずやけん引するきっかけになると期待しています。そして、私が対談で受けた刺激と興奮を、ぜひ、みなさんと共有できることを願っています。

最後に、本書は、インタビューのスケジュール調整・会場設定から、録音のテープ起こしに始まり、対談内容の整理、語句の調整、研究者との内容確認などまさに多岐にわたる膨大な編集作業の結果として世に誕生しました。インタビューは、広報・情報室の村山育子さん、山田東子さんが神崎に同行して行い、研究者の本音を聞き出せる現場の雰囲気作りも見事に行ってくれました。テープ起こし原稿の確認、研究者本人の意図を反映した本文の調整は、山田さんの大変な労力と能力により達成できたものです。広報・情報室なしには到底本書の作成はあり得ませんでした。お二人には、心より感謝申し上げます。

また、東京大学出版会の岸純青さんには、本書の企画からテーマ設定、内容の調整など、企画・編集の全面において多大のご尽力をいただきました。岸さんの協力に、心よりお礼申し上げます。

本書は、登場いただいた研究者はもちろんですが、広報・情報室そして東京大学出版会のまさに、分野融合の結果として結実したものです。多くの読者の想像力を掻き立て、「ブレイクスルーへの思考」の新たな一歩を提供できるものと、関係者全員が自信を持ってお届けします。

神崎亮平

II 連携によるブレイクスルー

III ブレイクスルーからの創造

I ブレイクスルーへの視点

一つのことを七年間続けると、誰かが振り向いてくれるし、味方も出てくる。でも、ほとんどの人はその前にくじけてやめてしまうんだ。本当に何かをブレイクスルーする人は、めげずに七年間やる。

人がやらないことこそ面白い

隙間という視点

西成 活裕

西成活裕

教授、博士（工学）

東京大学大学院工学系研究科博士課程修了。山形大学工学部助教授、龍谷大学理工学部助教授、ケルン大学理論物理学研究所客員教授、東京大学大学院工学系研究科准教授、同教授を経て、2009年より現職。
著著:『渋滞学』（新潮選書、2006)、『無駄学』（新潮選書、2008）など。

学問体系をつくり上げるのは、研究者の夢である。

しかし、そこかしこで踊る「新しい研究領域・学問体系の開拓」という言葉を実際に形にするのは、想像を絶する壁がある。

当時、見向きもされなかったという『渋滞学』は、なぜ壁を超えられたのか。

人がやっていないことをやりたい

西成先生は、「渋滞学」という新しい学問をつくり、広く提唱されていますね。「すでに完成された学問を学ぶのではなく、自分で学問体系をつくり上げていく楽しさと厳しさがあるのがいい」ともおっしゃっています。まず、「渋滞学」に至るまでの道のりを教えてください。

小学生のころから、他人が考えたことをやるのが嫌いな少年でした。誰かがやっていたらすぐやめて、自分で違うことをやってみようと、ニッチなことを探していくような性格だったんです。学校の勉強も、わからなくても答えを見るのは大嫌いで、一つの問題を一年ぐらいかけて考え続けたこともあります。「先生の解法とは別の解法で解いてやる」といった反骨精神のようなもの

が常にあったんですね。

そして、当時から、天文や宇宙、数学や物理が好きでした。大学では航空宇宙工学を専攻したのですが、宇宙工学という壮大な規模に対して人間にできることはあまりにも小さい。そこに限界を感じ、数学の分野に方向転換しました。そして航空宇宙工学で扱っていた空気などの「流れ」とは別に、もう少し変わった「流れ」はないだろうか、ということを考えていたら、そういえば、車や人も「流れ」だよな、そう思いついたのが、現在の「渋滞学」につながるきっかけです。研究していると、車だけではなく、いろいろな渋滞があることに気づいて楽しいんですよ。

こうした反骨精神のようなものは今も生きていて、学生たちにも、なにか新しい論文が見つかった瞬間、「その研究をするのはやめろ」とアドバイスしています。「論文があるということは、すでに誰かがやっているということだから、全く違うことをやってみろ」とね。誰も発想したことのない新しいテーマとしては、たとえば、「床ずれの数学的研究」という課題を学生に与えたことがあります。病院のベッドでの床ずれという一つの現象を、自分で考えて数学で表せというものです。これまで全く考えたことのなかったことを考える瞬間の楽しさや、手垢のついていないところに行くあの感覚は、一度味わってしまうと、もうやめられません。その感覚を学生たちにも味わってほしいんです。

ただし、誰もやったことのないことをするということは、厳しさも伴います。「渋滞学」の研究を始めた当初は、「そんなのは物理でも数学でもない」と言われ、学会で発表しても、誰にも聞きにきてもらえませんでした。どこに出しても認められず、研究費も与えられない。そんな不遇な時期が五、六年続いたんですね。それでも、この分野には社会的なインパクトが間違いなくあると確信していましたし、自分にとっても面白い。「絶対に、世の中が後で振り向いてくれるはずだ」という信念で、研究を進めていきました。

一つのことを七年は続ける

いまでは、数々の著書を世に出され、マスコミにも多く取り上げられるようになっていらっしゃいますね。「渋滞学」という手垢のついていない新しい分野をつくり、最初は全く見向きもされなかったものをここまで持ってこられたのはすごいと思うのですが、なにか、ノウハウがあるのですか?

ノウハウというよりも、先輩からの一言が大きかったですね。認められず、人から評価もされない状況が続くと、さすがの私も落ち込みます。それで、尊敬する先輩に相談しに行ったんですよ。すると、「七年間やれ」と言われました。「一つのことを七年間続けると、誰かが振り向いてくれるし、味方も出てくる。でも、ほとんどの人はその前にくじけてやめてしまうんだ。本当に何かをブレイクスルーする人は、めげずに七年間やる。その根性と精神力がないやつは、何をやってもだめなんだ」と。

その話を聞いて、「俺はまだ三年か四年しかこの研究を続けていないから、まだまだ甘いな」と痛感したんです。周囲の流れがどうであろうが、それをやり続けることで、七年間、自分が立ち続けていられたらすごいじゃないか。もうちょっと頑張ってみよう。そんな気持ちになったんです。

そうして研究を続けているうちに、不思議な流れが生まれてきました。あるとき突然、新聞記者が訪ねて来て、「先生の研究はどういうものですか？」と質問するんです。「渋滞学みたいなものです。渋滞というと車だけだと思われがちですが、そうではありません。たとえば、昆虫のアリが渋滞するかどうか、知っていますか？」といった話をすると、「面白いですね、記事にさせてください」と言われ、新聞に小さく載ったんです。次の日、その記事を見た出版社の編集者から、「本を書きませんか？」との連絡が入りました。それで本を書いたら出版賞[1]をいただいて、テレビ局からも出演のオファーが来るようになりました。

こうして一気に知られるようになったことで、学会のほうでも「あいつは何だ？」みたいな雰囲気になり、学会のメインの招待講演を依頼されるようになりました。こうして、全く計算できないような流れに乗って、自然に、いい循環ができてきたんです。

車の渋滞以外の異分野との融合も、最初から想定していたものではありません。研究を続けているうちに、いろいろな人がアイディアを持ち込んでくれるようになり、多方面に広がっていったんです。たとえば、「神経細胞の渋滞」というテーマは、神経細胞を研究している医学分野の友人が私の著書を読み、「神経細胞にも似たような話がある。日曜日にしか運転しない人をサンデードライバーというが、細胞内のタンパク質にもそういうものがある」という話をしてくれたのがきっかけです。それはまさに渋滞のアナロジーです。そこで、その友人と一緒に二年間かけて神経細胞の渋滞を研究したというわけです。

また、経済学の教授と共同で、「バブル崩壊は渋滞だ」というテーマで論文を書いたこともあります。私の講演を聞いて、「バブル崩壊の状況を渋滞と絡められないだろうか」といった話になったのがきっかけです。こうした研究がどのように評価されているかはわかりませんが、何かお互いが面白いと思って歩み寄り、二〜三年で論文を書いていくという広がりが出てきたんですね。

こうして共同研究をしているうちに、全く違う分野であっても実は共通点があり、その手法が

1 『渋滞学』（新潮選書、二〇〇六）が講談社科学出版賞、日経BPビズテック図書賞を受賞。

使えるのではないか、それを使ってみたら意外と現実と合うじゃないかということに気づいていきました。そして、どんどん自分の中で突っ込んでいき、学んでいったという感じです。

渋滞とは何か、渋滞を解消するためには

「渋滞学」の世界は広がり続けているのですね。先生が研究しておられるさまざまな渋滞の中で、やはり私たちが気になるのは車の渋滞です。論文の中で、渋滞解消のための結論として、「車間距離を四〇メートル以下に詰めず、常に三台程度前を見ること」と書いておられますね。そして、一般の人に向けて、わかりやすく伝えようとしていらっしゃる。どのようなお考えからでしょうか。

渋滞の解消といえば、それまでは道路を広げろとか、何かつくれとか、そういった議論ばかりでした。個人の運転なんかじゃどうにもならないというのが、一般的な認識だったんです。ところが、そう言われると、私は「そうじゃない」と言いたくなる体質なので、まず、「個人の運転で交通渋滞を解消できるか」という課題を設定したんです。ある意味、下から積み上げていくボトムアップの手法ですね。全体を俯瞰して、トップダウン的に何かボーンとやるんじゃなくて。渋滞しかかっているときに、渋滞の波を増幅させずに減衰させるためには、車間距離を空けれ

ばいいんです。そうすれば、ブレーキの連鎖が弱くなりますから。その臨界点をデータで見たら、四〇メートルであることがわかりました。これが渋滞を引き起こさないための運転方法の一つだということを周知徹底させたくて、なるべくわかりやすい表現で、いつも言うようにしているんです。

私が普段、講演で話をする相手は、一般のドライバーさんばかりです。そうした一般の人たちに難解な数学理論をいくら話しても、全く意味がありません。ですから私は、学術的にギリギリなレベルでわかりやすく伝えることが大事だと思っているんです。

たとえば、「データを見ているうちに、こういう結論になりました。ほら、こうすれば本当に渋滞しないでしょう」と、実際に車を借りて、われわれが実験をしてみせます。それで実際の実験ビデオを見せると、まさに百聞は一見に如かず。皆さん、驚きながら納得されるんですね。「だから、皆さんも車間距離を四〇メートル空けて運転するべきです」と話します。「ただし、空けていると割り込まれるけどね」って（笑）。今は、どうしても割り込まれてしまうんですよね。でも、こうして口を酸っぱくして七年ぐらい言い続けていると、世の中は変わる。だから、わかりやすい指標をなるべく言うようにしています。

とはいえ、こうして世間に向けて発信していくことには、どうしても賛否両論がついてまわります。研究者の多くは、それが怖いんです。学会の中という安全地帯にいれば批判されませんからね。でも、そこを出て行く人がもっといないとだめだと思うんです。メディアに出るのが嫌いな研究者も多いですが、その理由を分析すると、自分が思っていたことと違うことを報道された経験が影響しているケースが多いんですね。でも、本当に自分が伝えたいことをわかってくれる人と巡り合ったら、また変わってくると思います。

私は幸い、ちゃんと言えば伝えてくれる人との出会いが続いたので、メディア嫌いにならずにすみました。テレビ局のディレクターも、台本が間違っていれば、本番直前でも全部直してくれます。そうじゃないと私は嫌だ、面白おかしくやりたくないんだとハッキリ伝えていますから。

こうして、世間に発信する人がもっと出るようになれば、自分たちの研究が自然に社会とつながっていきます。私の場合はとくに、渋滞を扱っているので、社会とつながらざるをえないんです。渋滞は直接、一般の人を相手にしますから、「とにかく皆さん、今の話がわからなくてもいいから、これだけは覚えておいてください。車間距離四〇メートルですよ」と。そうした発信のしかたをいっぱいつくっているんです。

日本で使われている車の台数は、七〇〇〇万～八〇〇〇万台ぐらいでしょうか。ほとんど一人につき一台という数です。そもそも多すぎて、渋滞になっているのではないでしょうか？

交通渋滞を解消する究極の方法は「分散」です。衝撃的だったのですが、平成一七年に統計を取って調べたところ、東京、名古屋、大阪の三都市だけで、日本の人口の半分を超えていたんです。一部の都市に人口が集中しているんです。しかも、ゴールデンウィークなどの連休になると、みんなが一斉に休みを取りますよね。

私はドイツに住んでいたこともあるのですが、ドイツでは、州ごとに連休が二週間ぐらいずれています。ですから、国民の一斉休暇なんてないんですね。その理由を聞くと、「みんなで休んだら、混雑するに決まっているじゃないか」と明快なんですよ。

元国土交通副大臣の馬淵澄夫さん（旧・民主党所属衆議院議員）から「交通渋滞を解消するための一番の特効薬は何ですか？」と聞かれたとき、私は、「休暇を分散することです」と答えました。その後、政府で検討されたようですが、結局、非難ごうごうになって議論が終わったそうです。

でも、本当に、時間と空間で分散するしかないんです。おっしゃるとおり、交通量の多さも問題です。たとえば首都高を走る車の数は、設計段階で想定された交通量の一〇〇倍にも上っています。だからこれはもう無理です（笑）。車を分散してうまく減らしていく、あるいは車だけでなく公共交通をうまく使い分けて（マルチモーダル化）やっていくしか根本の解決策はないんです。

渋滞は、一車線につき一時間に車がおよそ二〇〇〇台集中すると必ず起きます。ところが現状では、二〇〇〇台に達する前に渋滞が起きてしまっています。その原因は、先ほどお話ししたとおり、車間距離の詰めすぎです。二〇〇〇台以下ならば車間を空けると渋滞が解消されるのですが、ゴールデンウィークのようにみんなが一斉に集まって混雑してしまうと、車間距離を四〇メートル空けても意味がなくなってしまうのです。

西成先生は、渋滞の問題における「人間性」をとても強調していらっしゃいますよね。かつては譲り合いの精神があったのに、最近はなくなっていると。

たとえば、この歩道は狭くて歩きにくくて困るという問題があったとしますね。そうしたときの解決策は三つあるんです。一つは道路の拡張工事をする。二つめは、人に向けて渋滞情報を発信し、混んでいる時間をずらして利用してもらう。三つめは、道の真ん中を歩かないという教育をする（笑）。道の真ん中を歩くから他人が通れなくなるんだよと教えるのが大事なんです。交通教育は、ほかの二つに比べてコストがかかりません。私も、小学校や中学校によく呼ばれます。交通のビデオを見せて、「皆さん、こういうときにはこう歩こうね」って言うと、「はーい」とかって。そうすると、彼らが大人になる一五年後ぐらいに効くわけですよ。子どもの教育は大事ですね。

以上の三つは、それぞれ、「ハード」「ソフト」「人文系」という三つの観点から見た解決策です。立場や目的から見れば、どれも正解で、どれも同じ重みです。ハードの専門家はハードで解決し、ソフトの専門家はソフトで解決する。人文系の専門家は人間性に訴える。この三つを常に忘れることなく、みんなで仲良く、三位一体の解決策を出していけばいいんです。そこを忘れて自分の技術だけで解決しようとすると軋轢が生まれ、問題解決が困難になってしまいます。

私はいつも、「たしなみ」という言葉を使うんです。自分が1だとするじゃないですか。互いが1＋1で自己主張すると、結果は2ではなく、1・5になってしまうんです。ところが、1ではなく、参加料をちょっと払うつもりで、0・9で自分を出すようにすれば、0・9＋0・9が、5や10の結果に結びつく。そこをみんな、1出しちゃうからおかしくなるんだと私は思っているんです。1ではなく、0・9。これが、社会生活を営む「たしなみ」だと思うんです。

アリから学んだ渋滞解消

西成先生は、渋滞という現象から、いろいろな哲学を学ばれたのですね。

私は、最終的には昆虫のアリから学びました。車間距離を空けるというのは、実は、アリの行動がヒントになっているんです。二〇〇五年前後に、インドでアリを研究している研究者と一緒に、アリが渋滞するかどうかの研究をしたんですね。そのときに、アリのビデオを三ヵ月の間ずっと撮影し、アリの行列を分析したんです。そうしたら、間隔を詰めないんです。体長一センチぐらいのアリだったのですが、非常に混んだ状況をつくっても、自分の体長ぐらいは常に前を空けておくんです。人間なら、もっと詰めますよね。さらに、アリの速度を調べると、間隔を空けているおかげで全く落ちていない。これは発見じゃないかということで、「アリは渋滞しない」という論文を発表しました。

人間は詰めるけれど、アリは詰めない。詰めないことが自然界の知恵ではないでしょうか。アリは、地球上に二億年も生きています。一方の人間は、たかだか数百万年ですから、アリのほうが二桁ぐらい、地球上の生物としては先輩です。かつては間隔を詰めるアリがいたかもしれないけれど、進化の過程で絶滅したのではないか。そう考えると、「われわれ人間は、詰めてもいいんですか?」という話になりますよね。

ショウジョウバエもアリと同じで、絶対にぶつかりません。道もないのに、ぶつかりそうになるとどちらかが必ず止まるんです。人間の脳は階層構造になっており、下から順に、簡単な反射、記憶学習、情動、さらに認知という高次機能があります。昆虫の場合も、障害物を避けるという底辺の反射は大体同じです。人は、昆虫よりも上の高度な階層が強烈になってしまったために、いろんな悪さをすることになったのではないでしょうか。古い時代からアリがちゃんとやっているような方法に、人間は学ぶ必要がありますね。

そうですね。人間は本能の部分以外のところがずる賢くなって、邪《よこしま》に考えちゃうんですね。

「俺だけ早く行きたい」というように。アリの場合は、ある意味、すべて家族なんです。別の家族だと喧嘩してしまいます。仲間かどうかを匂いで判断するんですね。人間はそうではない。みんなが敵というか邪魔というか。それが問題だと思います。

アリは、交差点をどのようにしてスムーズに通行するかご存じですか？　私はそこに興味を持ち、アリの専門家である辻和希先生（琉球大学農学部教授、社会性昆虫の進化生態学）に尋ねてみたんです。すると、「西成さん、簡単です。アリは絶対に交差しないんですよ」と。交差したら喧嘩するから、そもそも交差点をつくらないようにできているのだそうです。その話を聞いて感心しました。人間は交差点を作ってから、さあどうしよう、と考えますね。

渋滞するということは、人間が生物として進化した結果ともいえるでしょうか。

深い問題ですね。渋滞というのは、おそらく、われわれの発達した脳の世界の中での一種の危機回避行動ではないか、つまり、渋滞を起こすことで、もっとひどい状態を回避しているのではないかと思うんです。ですから、今、渋滞は必要悪のようになってしまっています。人間がある程度集まって、それ以上ひどい結果にならないためには、今、渋滞するしかない。これは人間の中での一つの落としどころといえるでしょう。さらに良い落としどころが渋滞の解消なのですが、実現するのはまだまだ先です。

生物がやっているような方式を渋滞解消に活用できるかどうか、いろいろな先生と一緒に研究してみたいです。昆虫や他の生物の実際のデータをうまく使って、人間社会を研究していきたいですね。

私は、渋滞学の研究から、車間距離みたいなゆとりの大切さを学びました。現代の人間社会では、何でもカツカツに詰めようとしているじゃないですか。そうではなくて、実はゆとりを取る。私は、それを「科学的ゆとり」と名付けています。科学的に考えてゆとりを導入する、新しい社会をつくっていきたいんです。ちょうど、車間距離を取ることが、長期的に交通渋滞の解消にとってプラスになるのと同じように。

先生は、「無駄学」も提唱されていますね。無駄学というのは、生物の最適化とも何か関係があるのでしょうか。

簡単に言うと、期間設定をしなければ、「無駄」かどうかは決まらないのです。短い期間なのか、長い期間なのか。たとえば、失敗を例に考えてみます。何か失敗したとき、一～二年という短い期間で見れば、「とんでもなく無駄なことをしてしまった」と思うかもしれません。ところが二〇年経ってみると、その失敗が素晴らしい経験となって役に立っていたりする。「失敗は成功のもと」という言葉のとおりですね。このように考えると、短い期間では最適化できていないかもしれないけれど、一〇億年という期間で見ると、生物は実はものすごく最適化していて、目的を達成している。

人間は頭で考えてしまうので、そこで解を出してしまいます。昆虫などの他の生物とは、解の求め方の時間やスケールがまったく異なっているのかもしれませんね。生物の感覚で言うところの無駄と、今世の中で言われている無駄とはずいぶん違うのかなという気がします。

そうですね。全く違いますね。昆虫は、子どもを大量に産んで、その中でうまくいった個体だけが残るんです。一方の人間は、多くの場合、一度に一人しか産みません。生まれた子どもが健康に生きていくための環境が、昆虫とは全く違う。人間は生き抜いていくための高度な機能を持っていますが、昆虫は壮大な実験をみんなでやっていて、進化の過程でうまくいかなかったものが死んでるだけで、今われわれが見ている、いいねっていう個体は実はいろんな実験の結果残ったやつなんです。だからそこに学ぶ知恵っていうのは私はすごくあると思っています。多くの生物は全部をとにかく試して、その中でうまくいったやつが残るわけです。

とにかく目的と期間を決めない限り、無駄は決まらないんです。目的と期間に応じて、無駄を定義する。そうすれば、無駄ではないものが無駄に見えてきたり、その逆に見えてきたりします。

西成先生はメディアへの登場が多いですが、スケジュールが渋滞することもありますか？　どのようにスケジュールを管理されているのでしょう。

取材や出演予定が立て込むと、もうぐちゃぐちゃです。基本的には、どんなときでも対応できるように、予定と予定の間に三〇分くらいの隙間を空けているんです。その隙間が埋まってきたら、もうだめですね。スケジュールに隙間を空けるのは、車間距離を空けることにも通じていて、これまでの長い経験から考案したやり方です。

なぜ三〇分なのかというと、会議や打ち合わせが延びることも多いですし、そのあとに頭を整理したり、メールをチェックして返信したりすることを考えると、私の場合、予定と予定の間に一五分から三〇分くらいの間が必要なんです。隙間として、ちょうどいいのが三〇分間。それ以上長くなっても短くなっても、なんとなくよくないんです。最近は忙しくて、隙間が一五分になっちゃっているんですけどね。

最後に、車の自動運転については、どのようにお考えですか？　自動運転は、人をあまり介在させないですよね。渋滞を解消するためには、人が関与しない方がいいのではないかという気もするのですが。

人間として素晴らしい能力を持っていたとしても、それがどんどん失われてしまうのは残念です。カーナビができたことで、地図を覚えなくなる。携帯電話ができると電話番号も覚えなくなる。ワープロができた途端に漢字を忘れるようになる。それらはもしかすると、便利さと引き換えに、人間の退化につながっているのではないかと思うのです。

自動運転も、状況を限定するなら私は大賛成です。ただ、何でも自動化してしまうのは疑問です。たとえば安全性の問題です。人間は、何かに安全装置をつけると、「もう安全なんだ」と安心し、自らの安全基準を緩めてしまうんですね。そうすると安全装置をつけたことを相殺してしまうので、実は安全装置をたくさんつけてもリスクのレベルは変わらない。この理論を「リスクホメオスタシス（リスク恒常性）」といいます。自動運転は単なる技術ではなく、人間の心理と結びつけた深いレベルで研究する必要があると思います。

センサーを使えばよいというレベルではなく、それを使う人間にどれだけ任せていくか、任せないかが重要です。そこに何か新しい学問、人間と機械の融合した何かがあるのではないかと思います。

ニーズと組み合わせて、新しい価値を生み出す。そういう社会デザインのようなものを、学問としてきちんと評価できるしくみをつくれたらいいなと思っています。技術自体は従来のものを使っていても、それで新しい価値を創ることが重要なのです。

ニーズを組み合わせて新しい価値を生み出す

デザインという視点

森川 博之

Hiroyuki Morikawa

森川博之
教授、博士（工学）

1992年東京大学大学院工学系研究科博士課程修了。2006年同大学教授。2007年より現職。2002～2007年NICTモバイルネットワークグループリーダー兼務。専門は情報通信工学。電子情報通信学会論文賞（3回）、情報処理学会論文賞、ドコモモバイルサイエンス賞、総務大臣表彰、志田林三郎賞など。新世代M2Mコンソーシアム会長、OECDデジタル経済政策委員会（CDEP）副議長など。

世の中のあらゆるモノとコトが結びつけられる時代は、
情報に新たな意味と価値を与える。
日本の現状を「技術の差ではなく、やり方の差」だと考える理由は何か。
情報という暴れ馬を手なずけ、社会をデザインするためにすべきことは何か。

技術だけでは世の中は変わらない

情報ネットワークの世界は、目まぐるしく進化を続けています。森川先生は、IoT(Internet of Things:モノのインターネット)やビッグデータ、モバイル通信などに関する研究を早くから行っていらっしゃいますね。常に時代の最初の波に乗って研究されている印象があります。

私は、一九九二年に博士課程を修了し、工学部の助手になりました。まだインターネットも携帯電話もあまり知られていない時代でした。その頃の通信といえば、当時、華やかだった画像やメディアとは対照的で、非常に地味な研究分野だったんですよ。通信はすでにできあがっていて、もう新しいことはあまり出てこないだろう、と思われていました。

ところが、九五年頃からインターネットがグーッと出てきて、様相がガラリと変わり始めたのです。そのとき、インターネットの先にあるものは何なのかを考えたんですよね。パソコンじゃないよね、やっぱりリアルな世界、センサーなどが接続される世界だよねということで、九九年頃からユビキタスネットワークの研究を始めました。

ユビキタスネットワークには、二つの定義があります。一つは、一般に知られている「いつでも、どこでも、誰とでもつながる」という意味、もう一つが「リアルな世界をネットワークにつなげる」という意味です。私たちは、こちらの定義を用いてきました。今、ＩｏＴ（モノのインターネット）と呼ばれているものです。私はいつも、研究を通じて、時代のその先を何か見せられたらいいなと考えていて、こっちの定義のほうが面白そうだと感じたんですよね。

時代の一つ先を行くために何が必要かと聞かれることがありますが、「先を読むセンス」かなと思います。このまま進むと五年先、一〇年先にはどうなるんだろうと予測する力です。情報社会というのは、何年後にはこうなる、と単純なスケーリングで測れるものではないんです。iPhone にしてもｉモードにしても、その出現は予測できるものではありません。技術そのものは蓄積されていて、実はスマートフォンも以前からつくられていました。でも、当時はまだ今のようにキャッチーではなかったんです。

情報社会の進化は、技術だけではなく、ユーザーが受け入れるかどうかが大きいのです。そこをどう読むかというところにセンスが必要だと思います。

少し話が逸れるかもしれませんが、アメリカでは、新しいビジネスを立ち上げるとき、三人が必要だといわれています。ハッカーとデザイナー、そしてハスラーです。ハッカーは、プログラミングができて、常に改善ができる開発者。デザイナーは、サービスの見た目や使いやすさなどの価値をユーザーにきちんと提供できる人。ハスラーは、ビジネスができる人。人間関係を築けて、お金を回せる人です。

その中でもデザイナーの役割が、この一〇年、一五年、二〇年で重要になってきましたね。情報通信の分野も、技術だけでは世の中が変化しなくなってきたように思います。一〇〇人の研究者がいたら、今までは一〇〇人全員が技術開発に携わっていました。でもこれからは、七〇人ぐらいでいいというのが私の考えです。あとの三〇人は、社会との接点を考えるべきです。そのような方向へのシフトが必要になりはじめていることを痛感しています。

というのも、情報通信の技術は、すでにある程度成熟しているからです。現在、人工知能が注目されていますが、その技術自体は昔からあるものなのです。コンピュータが速くなり、膨大なデータが蓄積できるようになったため注目されているだけで、すごい革新があったわけではないんですよ。

ＩｏＴは離れた分野をつなぐ

――ＩｏＴの応用のなかで、農業と情報通信の連携に着目しておられますね。農業は工学から一番遠い世界かと思っていました。なぜ農業なのでしょうか？

農業にかかわるようになったのは、六～七年前、ＴＰＰ（環太平洋パートナーシップ）の問題などが世間で騒がれはじめた頃ですね。農業人口の高齢化も社会問題になっていることを知り、われわれの研究が何かの役に立てないかなという、単純な動機から始めました。

新しいことをするのが好きなので、未知の領域に入っていくことにあまり抵抗はないんです。センサネットワークなどの技術を使ってデータを集め、どのように農業に使うかを考えますが、その際、相手もＩＴ（情報技術）やＩＣＴ（情報通信技術）に興味を持ってくれないと進まないので、とにかくいろいろな人に会って、気が合う人を探します。研究室における私のミッションは、パートナーを探してくることですね。誰と一緒にやるのかということがすごく重要なので、いいパートナーを見つけられるかどうかにかかっています。

これはという人が見つかれば、「行ってこい！」と学生を派遣します。そこで私のミッションは終わりです（笑）。研究室の学生は、実際に農業の生産者さんのところに行くなど、本当にいろいろなことをやっています。現場でニーズを見つけて、自分たちが持っている技術で課題をどう解決していくか、直に話し合って考えています。農業に限らず、あらゆる社会の現場は学生にとって新しい世界で、とても勉強になります。学ぶうえでも、非常にいいチャンスなんです。

実は、それを何かの学問にしたいと思っているんですよね。ニーズと組み合わせて、新しい価値を生み出す。そういう社会デザインのようなものを、学問としてきちんと評価できるしくみをつくれたらいいなと。現在の評価基準では、技術そのものを新たに開発しなければ評価されません。しかし、技術自体は従来のものを使っていても、新しい価値を創っていれば、評価の対象として認めてもいいと思うんです。

たしかに新たな技術開発は評価の対象になりますが、そのとき、ほんの一部の人たちで「これはすごい」と喜んでいる世界と、社会一般の人にどんどん広めていくというのでは、随分やり方も見方も違いますよね。アカデミアと産業界では、見ているものが離れている感じはありますか?

ありますね。少し離れ始めているように感じています。私は、学界の変革が必要だと、実は思っているんです。正直なところ、論文の九〇パーセントは面白くないかもしれません。産業界は、従来型の研究を面白いとは感じなくなり始めています。技術の話ばかりをするのではなく、その技術を何のために使うのか、ということをしっかり語ることも重要です。「自分に都合のよいように課題を設定し、解いて、できました」みたいな内容では、産業界は自分たちの課題解決との接点をイメージしにくく、興味も持てないんですよ。だから、ちょっとフェーズを変えていかなければいけない。

それは大学に求めるべきものなのかということも、もちろん考えなければならない問題です。現在は、大学、アカデミアの在り方が問われていると思います。

私は、大学には、企業の先を行くというミッションがあると考えています。ですから新しい技術だけではなく、次にどのような価値を社会に提供できるのかということを考えることも、大学で研究する意義だと思っています。

やはり、〇から一を生み出すような話というのは、それによってお金が流れるかわからないうちは、企業は踏み込めないですよね。特に、今の時代は。お金が流れるとわかれば、もう産業界は一気に動きますけど、市場がどれだけ立ち上がるのか予測できない状態で投資をするのは難しいはずです。その部分は、大学で必要とされる研究として位置付けてもいいのかなとは思っていますけどね。

ただ、さきほどお話ししたように、産業界と学界が乖離し始めていることは良くないなあと思っています。産業界が学界のことを面白くないと言い始めているのは、学界が社会のニーズをつかんでないからです。井の中の蛙で研究して論文を書き、「性能が上がった、良くなったねー」

と言っているだけでは、それは面白くないと思われます。極端に言えば性能を五パーセント上げるだけで終わるようなら特に用はない、将来を考えたらそれ以外にもっと重要なこと、やらなくてはいけないことがあるでしょう、というのが産業界なのです。

大学の電気系でも、デバイスや半導体の研究はもちろん原理の追究ですが、われわれの研究領域は、原理の追究とは違います。われわれが〝上のレイヤー〟と呼ぶアプリケーションの開発などは、どれだけ社会にインパクトを与えられるかが重要です。企業との方向感も近いし、マッチングもします。だから、私たちはいつも「企業にとって自分たちの価値は何か」を考えます。企業の人がラボに来て「この次に何をやればいいか、参考になる」と言ってくれると、すごく嬉しいんですよ。このために必要なのは技術だけではありません。それをどこに適用するのかということを考えたときに、その課題のストライクが出てきます。

社会デザイン——産業界と学界をつなぐ

そのためには、かなり幅広い知識が必要になりそうですね。いろいろな分野に興味を持たれているようですが、どのようにしてインプットしているのですか?

私は、活字中毒なんです。たった一駅、電車に乗るときでも何かしら読んでいますから。とにかく文字に囲まれていたいんです。何でもインプットしたい。知らないものがあればすべて勉強したい。そういう感じなんです。

いつも大きな鞄を持ち歩いているとよく言われるのですが、何か読むものが入ってないと落ち着かないんです。しかも、一冊読み終えたとき、次に読むものがないと困るから、常に余分に持っておきます。だから荷物が重くなるんです（笑）。

とにかく何かインプットしていたいから、寝るときも、本を二冊ぐらい枕元に置いて寝ます。電子ブックなどはダメなんです。新聞も紙で読みます。紙に印刷された活字がいいんですね。

蔵書は、何冊あるのか数え切れません。読書が好きになったのは大学時代ですね。大学生になったら遊ぼうと思って頑張ったんですが、遊びの才能がないことに気づいて。それよりも一人でいるほうが好きで、本を読み始めたんです。漫画はあまり読みませんが、本なら、どんなジャンルでも読みます。それも、一冊ずつ読み終えるのではなく、途中、つまみ食いしながら何冊も並行して読むというスタイルです。

二〇代ではまったのは谷崎潤一郎で、著作は全て読みました。今、読んでいるのは内村鑑三です。仕事に近いところでは、経営学やイノベーションに関するビジネス書などです。専門書はあまり読まなくなりました。自分でわかっているからいいかな、と思って（笑）。

一つのことを究めるのが苦手で、何でも知りたくて仕方がないから、研究者とはいえないかもしれませんね、私（笑）。

これからＩｏＴは何を目指すのでしょうか。また、それによって、社会はどのように変わっていくのでしょうか。

私は、ＩＴやＩＣＴ、ＩｏＴが全ての産業に関わっていることを、もっといろいろなところで伝えていきたいと思っています。最近、化学や土木、医療などの異業種や、各地の経営者協会などの講演を、積極的に引き受けているのは、こうした活動も重要だと感じているからです。

ＩＴやＩＣＴという言葉には、コスト削減ツールというニュアンスが強かったですが、ＩｏＴになると、価値創造ツールというふうに変わってきました。これは、非常にいい流れです。この流れに沿って、すべての産業セグメントが少しずつスマート化していくことを大いに期待しています。

ただし、その変化は裏側で起きるものですから、一般の人から見ると、日常生活はあまり変わらないかもしれません。ＩｏＴの影響は、スマホが出てきて生活が一変したというのとは違う気がします。

たとえば、スマートゴミ箱の例がわかりやすいかもしれません。見た目は、公園などにある普通のゴミ箱ですが、量を感知するセンサーが内蔵されており、ゴミの量を携帯電話回線で回収事業者に自動的に送るのです。すると、回収するタイミングがわかるので、毎日、ゴミの回収に行かなくてもよくなり、回収コストがぐっと下がります。

このように、生活はさほど変わらなくても、生活の裏側はかなりスマート化されています。センサーを用いた土砂崩れ防止対策もそうです。センサーを設置して危険を感知するようにすれば、人間が見回りに行かなくても済みます。ＩｏＴというのは、地味なところでじわじわと浸透していく、人の生活を裏側でサポートするようなものです。

こうした流れの中で、われわれ人間は、新しい情報技術とどのようにうまくやっていけばいいのか。その方法を見つけていく必要があると思います。

わかりやすい例があります。一九世紀後半、イギリスで「赤旗法」という法律が施行されました。自動車が世の中に出てきたとき、自動車は危ないというので制限速度を時速四キロまたは六キロに制限したうえ、走行時には、自動車の接近を知らせるために、赤い旗を持った人が車の前を歩いて先導しなければならないという法律です。

こうして世に出てきた自動車ですが、今では人間は自動車と仲良くやっていますよね。自動車による交通事故も起きていますが、自動車は現在は生活の一部として受け入れられています。情報通信技術の場合は、今はまだ仲良く付き合えていないですよね。何だかわからない、情報化は怖いと感じる人もいますが、それは、自動車が怖いから、赤い旗で先導するといったことに似た感じがします。もちろん、個人情報の管理技術などのさらなる開発も必要ですが、人間の側も進化していかなければならないと思うんですね。いまは技術の方が先に進んでしまっています。

失敗を許してくれない日本の企業文化

そうした情報化を進めるうえで、諸外国と比べたときに日本にはどのような課題があるのでしょうか。

工業や産業の分野では「標準化」というプロセスがあります。これは、各国の専門家が提案を持ち寄り、それぞれの優劣について技術的な議論を戦わせながら、標準とすべき技術やサービス等について合意を形成していくプロセスで、そこでは市場の競争原理を阻害することなく、利益をもたらすことが期待されます。

日本の企業の場合、この「標準化」の場に参加する人は、その標準となる技術をつくっている人だけが出ていくんですね。ところが、諸外国の場合、技術者だけでなく、戦略を考える担当者も同行します。戦略担当者は技術畑の出身者で、技術にも精通しています。つまり、二人一組で、標準化された技術をどのようにビジネスにつないでいくかということもセットで考えるわけです。日本は技術をつくることには長けていますが、このビジネス戦略の部分が圧倒的に不足しているように感じます。

その一因として、大学のあり方も関係している気がします。たとえば、東工大（東京工業大学）と、アメリカのＭＩＴ（マサチューセッツ工科大学）を比較すると、教員数、大学院数、学部生数などの規模はほぼ同じですが、ＭＩＴは教員以外のスタッフ数が東工大の一〇倍、というのと似ています。大学の場合の教員を技術者に置き換えると、技術者が重要だということになり、それ以外のスタッフの重要性を認識していません。

でも、そうしたスタッフこそ、戦略を考える人たちです。企業でいえば、技術畑の出身者なんですよ。諸外国の企業は、この戦略を考える人たちの層が厚い。技術をどのように使っていけばいいかを、しっかり考えているわけです。先端研でも、経営戦略企画室や広報・情報室は、担当者がわずか数人ですよね。もっと大勢、たとえば一〇人いたとしたら、もっとすごいことができるわけでしょう。日本は諸外国に比べて、情報や環境をデザインし、意図を持ってドライブさせる人に価値を見出していません。

大学にしても、教授が偉いと思われる風潮がありますが、それが最もよくないことだと思います。教員以外の人たちは、教授をサポートする人ではありません。アメリカでは、教授以外の周りのスタッフが大学を動かしているのです。

日本のものづくりにとって今は大きなチャンスだと、私は思っているんです。ドイツで、第四の産業革命ともいわれる「インダストリー4.0[1]」という巨大プロジェクトが進んでいますが、実は、日本はすでに同様のことを実践しています。ただ、そこにあるべき戦略が弱いのです。

実際に日本の製造現場を考えると、インダストリー4.0が目指すような「モノやサービスの作り込み」や「職人技」「協調しながら改善する」といったB to B（Business to Business）の世界は、日本人にとって非常に得意な領域です。ですから、日本の産業にとっては非常にいい流れだと思うのです。

ドイツがインダストリー4.0を始めた背景には、アメリカに押されてドイツの製造業がつぶれてしまうのではないかという危機感があります。製造業で覇権を握るために、ドイツは国を挙げて取り組んでいるわけです。

そのやり方を、日本もまねした方がいいと思います。インダストリー4.0の全体予算は日本円にして三〇〇億円ほどで、その内訳は技術開発が中心ではなく、会合費と懇親会費に多くを充てているとも言われています。中小企業の経営者を集めて、「これから何をしていくのか、何をつくっていくのか」を徹底的に議論させるのです。ここがまさに、日本に欠けている部分ですよね。日本の国家プロジェクトは、技術の開発ばかりに焦点が当てられている。ところがドイツは、技術を開発したうえで、何をするのかを考えているんです。

1　生産力の拡大と生産性の向上を目的とし、「モノのインターネット（IoT）」や「サイバーフィジカルシステム（CPS）」などいくつかのキーテクノロジーやシステムを用いて工場のスマート化を目指す、産官学一体の大規模プロジェクト。顧客の要望に合わせた製品ごとに異なる仕様にしたり、好みのデザインの商品を必要なときに必要な数量だけ無駄なく作るといった最適な生産体制を実現し、製造プロセスのコストや環境負荷を著しく減少させるものづくりを目指す。

同じような話として、アメリカのシリコンバレーにおけるＩｏＴ分野で高い注目を集めるホームセキュリティがあります。窓にセンサーを設置したり、エアコンをスマホで制御したりするものですが、実は、日本にはかなり以前から「エコーネット」というホームネットワーク規格があり、同じことをやっているんです。しかし現実には、エコーネットをほとんど誰も使っていない（笑）。

ずいぶん前から同じことができているのに、なぜ日本ではなく、シリコンバレーでＩｏＴが流行っているのか。そのことを、われわれは今一度、考え直さないといけません。技術の差ではなく、やり方の差です。集まる場をつくるとか、仲間をつくるとか、そういうこともすべて関係してくるのですが、とにかく、技術以外の部分が圧倒的に日本は弱いと思います。

ＡＩは人を超えるか

現代の社会は、だんだん情報過多になってきているように思います。将来、これが進んでもう処理できない、社会適合ができないという状況になったとき、人類はどう変わっていくのでしょうか。能力をアップするために脳を操作したり、身体を強化したりして、人の脳や身体自体もネットワークにつながって、操られるような世界を想像してしまいます。

その世界はありえなくはないとも思いますが……。二〇四五年には、ＡＩ（人工知能）が人間の脳を超えるともいわれていますが、私は、結構楽観的で、人間の脳を超えることはできないだろうと思っています。コンピュータが得意な部分はどんどん進化するけれど、人間の脳はやっぱり超えられない。

人間が計算する「そろばん」は、コンピュータには完璧に負けています。すでにわれわれは、いろんなものでコンピュータに負けているんです。それでも、人間の価値は変わらないですよね。同じような状態がずっと続くだろうというのが私の考えです。コンピュータの役割の範囲がある程度明確であれば、人間は残ったところを担うわけですよね。ここをしっかり把握したうえで、子どもの教育などにつなげていくことになるのかなと思います。

コンピュータは、言われたことはできるけれど、問題を提起したり、生み出したりすることは「できない」。今のフォン・ノイマン型のコンピュータの理論は、外部からの入力に応じて内部の状態が遷移し、外部への出力を行うオートマトンです。この技術だけでは、コンピュータが人間を超えるのは無理だと私は思っています。それでも、この世界では無理だといわれたものが軽々と打破されてきましたから、並列コンピュータのオートマトンに匹敵する理論が出てくれば、可能性はあると思いますが。「そんなのダメだよ」というものが実現しますからね。

ＡＩの未来に対しても、悲観的に報道するメディアが多いですが、私はそれほど悲観的ではないです。松尾豊さん（東京大学工学系研究科・特任准教授）が、大人のＡＩ、子どものＡＩと言っていますが、大人のＡＩはできるけれど、子どものＡＩはなかなか実現できないのではと思っています。ＡＩは、論理的なことはできるけれど、子どものような直感的な発想はなかなかできない。本当に人間らしい部分というのは、今のままだとＡＩには難しく、それを実現するための解決策はないかもしれません。

車の自動運転にＡＩをうまく使えないかという話もありますが、コンピュータが自ら学習するディープラーニング（深層学習）を用いれば、技術的には可能です。しかし、ディープラーニングにはアルゴリズム（計算方法）がないので、事故が起きたときに、それがディープラーニングの不具合によるものなのかがわからず、事故の原因を究明できないことになります。今のままだと、制度とのバランスが悪いんです。

やはり、人の感覚は大切だと思うんです。新幹線の運転席には運転士がいますが、実は、運転士がいない方が速いんです。運転士がいたら、三〇秒～一分程度遅れてしまうんですね。それでもやっぱり、乗る側の身になって考えると、運転士という存在が必要だということで、乗せています。結局、世の中がいかに進歩しようと、人間は残るんですよ。とくに、人間の特徴である「ひらめき」は、決定的な差だという気がします。

情報による人の誘導

特定の企業や個人が情報を握れるようになったときに、握れる人と握れない人が現れる情報の不等分布、いわゆる情報格差社会になるのではないでしょうか。あるいは、あまりにも情報過多になったときに、我々はそのことにどう対応したらいいのでしょう。自分たちの知らない所で、コミュニケーションをコントロールされてしまうかもしれない。情報を握られることで情報という環境を操作され、人が社会において特定の方向へと進化し、適応する、つまり誘導される危険性がないかと、少し危惧してしまいます。

以前、Facebookが、あるグループにはネガティブなコメントを、そして別のグループには普通のコメントを出すよう実験したんですよ。ネガティブなコメントばかり出されたユーザーは、そのユーザーの発言もネガティブになったそうです。それが論文で投稿され、[2] そんなことをしていいのかと大採めしたんですが。人って、そういうものではないかと思います。やはり情報で誘導されてしまう。この傾向は、残念ながら進んでいきます。

今後大切なのは、マーケットや利潤追求の操作が入った情報をある程度見極められて、それらに流されないような人材をしっかり育てることです。そういう意味でも、教育というものが、す

2 A. D. I. Kramer, J. E. Guillory, and J. T. Hancock, "Experimental evidence of massive-scale emotional contagion through social networks," *Proc. National Academy of Sciences*, vol. 111, no. 24, pp. 8788–8790, June 27, 2014.

ごく重要になってくるという印象を持っています。下手をすると、教育まで操作されかねませんが。実際には、今お話しされたような危惧が現実となる可能性はいくらでもありますから。いや、もう既に操作されているかもしれないと思ったりもします。

市場に任せていると、これはどんどん進んでいくとも思えますが、私はちょっと楽観的で、ひどい事態になる前におそらく人間は対応するだろうと考えています。特に企業の場合には、あまりにひどいことをしてそれが明るみに出るとビジネスの崩壊につながりますから、本当に悪い意図がない限りはどこかでセーブするのではないかと思います。セキュリティに関しても、悪意のある意図を持った人や、一部の力のある人や企業だけが、自分たちに有利な状況を作ろうとすることを嫌い、いつも調べたりチェックしたりしている人が必ずいるんですよ。エドワード・スノーデン[3]ほどではないにしても、そういった人たちは実はたくさんいて、チェック・アンド・バランスが利くのではないかと考えています。

そのときに、“正しいことをしてもマジョリティが正義”のような空気はないですか？　社会として扱うと、マジョリティが絶対的な強さになることはありますよね？

おっしゃるとおりですが、情報の世界は、オープンなプラットホームをきちんと作っておけば、マイノリティの人たちにもチャンスがある世界にはなっています。逆に言うと、誰もが一応は発信はできるので、そういうフェアな、バランスの取れた場、偏っていない場を作ることが大切です。実は、アメリカにはそういう場が割とたくさんあるんですよ。アメリカ全体からするとマイノリティだけれども、それに対してパワーバランスを取るような人たちも存在しています。

その意味では、アカデミアの世界というのは、全体からするとかなりマイノリティになるかもしれませんが、まさにここが本丸という考え方もあるのかもしれませんね。本当のスタンダードを知る場所から、常に監視することは重要かもしれないですね。大学の存在意義というのも、そこからまた何か出るのかもしれないですね。

いずれにしても、とにかく膨大な情報に翻弄される時代をわれわれは生きていかないといけないのですから、まあ使い古された言葉ですが、教養は重要ですよね。やはり人というものは惑わされるものなので。人間とはどういうものかということをきちんと理解したうえで、情報やＩＴ、ＩＣＴとうまく対峙していかないと、危険ですよね。

3　エドワード・ジョセフ・スノーデン（Edward Joseph Snowden、一九八三年六月二一日―）：元アメリカ合衆国中央情報局（ＣＩＡ）および国家安全保障局（ＮＳＡ）の局員。二〇一三年六月に香港で複数の新聞社の取材やインタビューで、アメリカ国家安全保障局（ＮＳＡ）による個人情報収集の手口を告発した。現在、ロシアに滞在中である。

人類が向かっていく情報世界は未知な世界ですが、どのように展開していくのか、道筋は見えませんか?

見えないですが、それを考えるのが私たちのミッションです。ですから、私はいつも、「次はこんな感じの時代になるよ」と夢を語るようにしています。将来がどうなるのかはわかりませんが、今日お話ししたスマートゴミ箱の例のように、裏側の地味な部分が一気にスマート化されていくよ、という話を、できるだけ伝えるようにしています。もしかしたら、誘導しているのかもしれませんね。その方向へ向かっていってほしいという、日本の産業界への期待を込めて。

私のいう「地味な」部分でのスマート化は、これから一〇年、二〇年、三〇年かかると思っています。社会の隅々にまで浸透するには、一~二年とか二~三年のスパンではなく、長い年月が必要だろうと思います。

鉄道の例でいうと、バブルがはじけて三〇年、四〇年が経って本物になりました。イギリスでは、一八五〇年が鉄道バブルだったんですが、鉄道が黄金期を迎えたのは一八九〇年代です。電力や自動車も、そのバブルと一九二九年の大恐慌を経て、一九六〇年代になって欧米で電化が進み、自動車が社会のインフラになっていきます。

インターネットもすでにバブルを経験していますが、このように考えると、これからじわーっと、地味に進んでいくように感じます。実は、そういった「地味に、社会の隅々までじわーっと」という領域は、日本の産業界は得意なんですよね。シリコンバレーと戦っても負けますから、日本は日本の得意技を活かした戦略を立てて、そこに向かっていってほしい。大学は、いろいろな人たちが集まる場としてはいいポジションだと感じていますので、そういう場をつくりたいですね。

豊かな世界を切り捨てていってはいけない。科学が害になるということが非常にありえます。そのほとんどは、あるものを切り捨てることによって起こるのです。科学をやっている人の責任が、非常に大きく、考えなければならない問題です。

「単純化」の罠に陥らない

システムという視点

児玉 龍彦

Tatsuhiko Kodama

児玉龍彦

教授、医学博士

1977年 東京大学医学部医学科卒業。東京大学附属病院、東京都立駒込病院を経て、1985年 マサチューセッツ工科大学生物学研究員、1989年 東京大学医学部助手。1996年 東京大学先端科学技術研究センター教授。2011年 東京大学アイソトープ総合センター長兼任。

著書：『逆システム学』(岩波新書、2004) など多数。

動脈硬化のしくみを分子レベルで明らかにしたパイオニアである。
生命の複雑な仕組みの解明は、安易に単純化する考え方では行き詰まると断言する。
全体をシステムとして捉え、その軌跡・流れを見ること。
目の前の結果を常に自問自答しながら新しい境地を拓くための思考を訊く。

システム生物医学をつくる

児玉先生の提唱されている「システム生物医学」と、そこに至った経緯について、お聞かせください。

私は、生命科学にずっと携わってきました。

そのなかで、コレステロールを取り込む「スカベンジャー受容体」を発見しました。一般にネズミには動脈硬化が起こりません。そこで動脈硬化の研究のため、このスカベンジャー受容体をノックアウトしたマウスと動脈硬化を起こしやすいよう遺伝子異常を持たせたマウスとを掛け合わせました。すると、そうしてできたマウスには、動脈硬化が良くなるものと、悪化するものが出てきたのです。

当たり前のことなのですが、遺伝子を掛け合わせても足し算のようにはならないし、分子とその働きや現象は一対一で対応しているわけではありません。

一般的には、遺伝子が何かを決めていると考えられがちです。しかし、遺伝子はシステムの一部として働いているだけで、それが一意的に何かを決めているわけではありません。遺伝子は活性化されて初めて何かが表現されることからもわかるように、その働きは能動的ではなく受動的で、制御の対象なのです。

したがって、ある特定の遺伝子だけを見ていてもだめで、メカニズム論を考えていかなければならないと気づきました。ある遺伝子の働きではなく、全体を見たいと思うようになったのです。たとえばfMRI（核磁気共鳴機能画像法）で脳活動を計測する研究では、ある刺激を与えて「ここが光ったからこの領域が報酬系[1]」「ここが光ったからこれは罰に関わる領域（罰系）」といったようなことが調べられています。しかし、たとえば記憶というものを神経回路から考えてみると、何かとリンクさせることによって記憶が定着しやすいというようなことはあっても、報酬や罰といったこととはまったく関係ありません。

神経ネットワークの複雑さを考えたら、一つの機能と神経核とが簡単に結びつくことは考えられません。昔話題になった顔ニューロン[2]も、最近は刺激の与え方によって光ったりするだけのニューロンだったと言われ、その概念は否定されつつあります。

ある時期までの生物学では、生物を分解していった先の「要素」としてではなく、生命の「機能」の一部として遺伝や遺伝子を考えていました。しかし、DNAの二重らせんの発見の後あたりから、前者への逆転が起こり、ある時期、遺伝子をどんどんクローニングしていけば生命がわかる、というような話になってしまったのです。

しかし先にも述べた通り、生命の複雑なしくみは足し算でできてはおらず、それぞれからのフィードバックを考えなければなりません。これは三体問題になるのです。二体問題は解けるけれども三体問題は解くことができないので、数値解析を用いて近似するしかありません。それにもかかわらず、まだ三体問題を解析的に解こうとする、要は微分方程式を解けばいいと簡単化した考え方の生物学が横行しているのです。それでは行き詰まると考えて始めたのが、「システム生物学」なのです。

先天的な遺伝でわからないことは多くあり、これを理解するために、われわれは後天的に遺伝情報を書き換えることで遺伝子の発現を制御する「エピゲノム」[3]のサイエンスをやろうとしていますが、現在これを全部見るためにはシミュレーションしかないと思っています。そこで、分子

1 報酬系：ヒト・動物の脳において、欲求が満たされたとき、あるいは満たされることがわかったときに活性化し、その個体に快の感覚を与える神経系。罰系は、不快の感覚を与える神経系。
2 顔ニューロン：脳内において、顔のパターンに対し選択的に反応する細胞が存在するという説、またその細胞。
3 エピゲノム：DNAの塩基配列を変えることなく、化学修飾によって決められる遺伝情報。

の働きと現象をつなぐ機構の予測シミュレーションが必要になると考えました。

そのとき、モデルや予測シミュレーションの作成と検証はどのような手法で行うのでしょうか？

ベイズ推定——「単純化」の罠に陥らない

ベイズ推定（次節参照）に基づく手法を用いています。ベイズ推定は予測や確率を変数とした統計手法です。たとえば臨床で数人の患者を診ていくとします。一人目、二人目、三人目と診ていくなかで、その新しいデータに応じてモデルを立てて治療方針を変えていきます。情報が増えるたびにモデルが変わっていくのです。今まで言われていた学説があり、そこにデータとモデルを更新していけば、より良い学説が出てくると考えるのです。

一つの仮説（モデル）に対して、「いい」とか、「悪い」とか言ったりしますが、生物学的認識のなかにそんな絶対的認識は存在しません。しかし現在の医療統計で使われているフィッシャー統計では、あたかも絶対的なものが存在するかのような認識を導き出してしまいます。これは、紙と鉛筆で計算するために自然現象を単純化しているように私には思えます。ですから、私はフィッシャー統計を用いた医療統計は信用できないと思っているのです。

一例目、二例目とその例数が上がっていくことによって、今までの考え方（仮説、モデル）が大きく変わってしまうことが本当にあるんですか。

全く変わってしまいます。胃がんとピロリ菌の関係が良い例です。昔はおこげを食べると胃がんになるとか、そんなようなことがいろいろ言われていました。しかし現在では、胃がんの多くがピロリ菌によって起こっているというように、概念が変わってしまっていますよね。

生物学のほとんどの問題は、不良設定問題（解が一つに定まらない問題）なのです。生物はダイナミクスを持っているのですから、当たり前です。今までのサイエンスというのは、解が一つに決まっている良設定問題をきれいに解くという考え方で進んできていますが、生物学ではこれはできません。だから私は、自然現象を無理に単純化するフィッシャー統計に代わるダイナミックなものが必要と考えました。ただ、ベイズ推定は演算量が莫大になってしまうので、コンピュータの性能が十分に高くないと駄目なのです。

ベイズ推定について、少し詳しくご説明ください。

では、一番有名なモンティ・ホール問題を使って説明します。モンティ・ホールというのはアメリカのクイズ番組の司会者です。

正解者は三つのドアの中で一つを選べるというクイズがあります。そこでたとえば、Aのドアを選んだとします。するとBとCのドアの中を覗いた司会者のモンティ・ホールが、回答者に対して「Cははずれです」「Aのままでいきますか、Bに変えますか」と聞きます。直観的には、AにしてもBにしても確率は変わらないように思いますよね。

これは、問題は割と簡単でして、ベイズ推定的にいくと、最初三つある中でAになる確率は三分の一。BまたはCになる確率は三分の二。ここで一番のポイントは、司会者がBとCを覗いたうえで「Cははずれです」と言っていることです。だからBにすれば三分の二の確率で当たるんです。でも、Cがはずれだとわかったことで、今までBとCで三分の二だった確率が、B一つに収束するのだろうか、というのが、直感的な印象ではないかと思います。つまり、理論と直感がうまく一致しない。そう感じる理由は、ベイズ推定は確率を変数にしているからです。

三分の一という確率はすべてが始まる前で、そこに司会者がBとCを見て、たとえばCが当たりだったら「Bがはずれです」と言ってドアを開けるわけです。つまり、この司会者の行動を見ると新しい情報が入ります。この場合、繰り返し推論というベイズ推定のどこがポイントかというと、繰り返しのたびに情報を加えていくことなのです。その情報によって推論を変えるという考え方が、ベイジアンというかベイズ主義といわれるものです。実際にここで重要なのは、このやり方で見ているものは数値ではなく軌跡、流れということです。このベイズ推定は、不良設定問題を解くときにとても有効な方法なのです。

コンピュータの父といわれるアラン・チューリングが、第二次世界大戦中にチャーチルに呼ばれてドイツのエニグマという暗号を解きました。そのときに使われたのがベイズ推定です。暗号は元の規則がわからず、それを使ってできた文章しかないわけですから、逆に解いていくしかないわけですよね。

三〇〇〇人ぐらいの女性のチームが、すべての単語の組み合わせを、これがこうだったらこうなる、これがこうだったらこうなると次々推論していったのです。そうやっていろんな推論を積み重ねては膨大な数の推計を行い、意味のある単語が出てくれば暗号が解けたことになるわけです。

エニグマにもグレードがあったのですが、まず潜水艦などに積んでいる割とグレードの低いわかりやすいエニグマ暗号機で生成されたものから解いていき、最終的にはヒトラーとその周りが使っていた一番高度なものまで解いてしまいました。

ベイズ推定で医学を考える

生物・医療の研究においては、ベイズ推定はどのように用いるのですか。

たとえばタンパク質の画像（形）を得るのに使います。生命活動を支えるタンパク質を見る場合も、ある意味では先ほどの暗号解読と同じです。私たちはタンパク質の元の形を知りません。そのうえタンパク質はダイナミックに動いているので、ある瞬間の形でしか画像を捉えられません。この二重の謎を抱えたタンパク質の構造を解くためには、最初に形を推定することからスタートします。そこに情報を足してシミュレーションを繰り返していくのです。したがって、最初に使うタンパク質の結晶構造がとても重要になります。

しかし、タンパク質は電子エネルギーを持っているため、一般的な高圧電子顕微鏡で電圧を上げて詳細を見ようとすると、焼けて元の構造が破壊されてしまいます。そこで私たちは「クライオ電子顕微鏡法」[4]を採用し、質の高い計測データを集めています。電子顕微鏡で大量のスナップショットを撮り、それらの画像を重ね、軌跡を計算で埋めていくことによって、シャープな画像を得ることができるのです。

ベイズ推定は暴れ馬

最初に形を推定するプロセスに恣意性が入る心配などはないのでしょうか。

確かにその危険性はあります。たとえば、ケンブリッジ大学のＬＭＢ（Laboratory of Molecular Biology）のリチャード・ヘンダーソンという人が、最近*PNAS*という学術雑誌に

"Einstein from noise" という論文を書いています。これはハーバード大学のホー・クアン・マオという中国人の電子顕微鏡像の論文を否定しているものです。

きちんとしたパーティクル（粒子）がないところでも、アインシュタインの像を定義したフィルタをかけ、四万個ぐらいの画像を選んで重ねていくと、最終的な画像にアインシュタインの像が出てきてしまうことを示しました。これによって、あるデータから恣意的な結果を出現させているると主張して、マオの論文を否定したのです。

それに対して、マオは全データを公開してバイアスはないと反論したのですが、ヘンダーソンはさらにそのマオのデータを使い、マオの論文と同じやり方で、今度はマリリン・モンローフィルタをかけてマリリン・モンローの像を出現させて、マオを完全に論破してしまったのです。

この例からもわかるように、最初の推定、モデルの作り方はとても難しい問題です。マオの論文にある手法では、膨大な量からデータを抽出する際にフィルタを掛けます。何千万個という顕微鏡像がこのフィルタにかけられ、フィルタに合致した画像だけを取っています。このように、事前予測のモデルというのはデータを選ぶ際にバイアスが掛かるのです。だから、なるべく今までの知識の全体的なものを集めてモデルを作らなければなりません。

4　クライオ電子顕微鏡法：生体内の構造を染色せず凍らせて観察する方法。クライオ電子顕微鏡という顕微鏡が存在するのではなく、対象物に当てる電子線を非常に低く抑える機能を装備し、構造を壊さず保ったままで観察することができる。ノイズが多く写った何十万ものデータを解析し、その平均値で構造を導き出す。

変な結論になりますが、電子顕微鏡でデータを取るとき、最初の画像で人間の目である程度粒子が確認できるもの以外は使ってはいけないのです。人間が目で見て、粒子があるサンプルからイメージプロセッシングするのはいいのです。つまり、これは人間の認知、知識のようなものの扱いの問題です。

タンパク質構造に関する私たちの経験や知識を、最初のモデルへどう反映させるか。繰り返し推論、つまり計算の方法はかなり確立されていて、最初のモデルさえ間違えなければ大体収束します。一番難しいのは、そういった「経験をデータに落とし込む」ことです。

マオの例でもわかるように、電子顕微鏡のデータはフィルタをかければいくらでもインチキができます。そうならないように、いかにデータを見極めるかが非常に難しいのです。だから、目に見えない遺伝子レベルへの分解で生物がわかるという考え方は駄目だと思っているのです。

モデル推定や分析において、その他に気をつけなければならないことがありますか。

一番大きいのは、次元を減らすときの問題点です。しかし、科学における理論化というのは、三次元の情報を二次元に減らすといった次元を減らすことです。次元を減らすときにいろんなデータを切り落としますが、切り落とすときにどうやって品質を保つかというのが今のサイエンスで一番難しいところじゃないかと思います。理論化では次元を落とすけれど、現実に適用するときには、一次元のものを三次元の現実に戻すのですから。

次元を減らすときに気を付けなければならない点が二つあります。一つは事前予測のモデルの妥当性です。モデルを立てたらそれをもとにデータ計算を繰り返していくわけですが、大事なのは、このモデルにはこれまでのさまざまな知見を組み込んで、緻密に理論化するということです。事前予測がいい加減だと、データがいくらあっても、よりよい事後モデルが得られません。

二番目には、データにバイアスを掛けないこと。マオたちのやり方というのは、データをもってくるときに、たとえばアインシュタインの顔に似たデータだけを取るというような恣意的なフィルタ（バイアス）を掛けてしまっているから、批判されるわけです。この操作をかなり注意してやらないと、いわゆる〝とんでもサイエンス〟がいくらでもできてしまう。よくベイズ推定は暴れ牛といわれるのですが、そういった非常に危うい面があるのです。

余談ですが、現在、Googleやアマゾンが使っている推計もほとんどがベイズ推定です。だから、データが入れば入るほど、どんどん予測を出し、結果が書き換わっていきます。もちろん当たる場合も多いですが、実はまったく虚構の世界も簡単に作れてしまいます。インターネット上の言説も、すぐ波及して、すぐ炎上して、そして終わってしまいますよね。持ち上げて落とすとか、そういうのが繰り返されていますが、同じような危険性を孕んでいると言えます。

オープンとクローズド、未来はどちらか

生物学に纏わる、世界のシミュレーションシステム開発の動向についてお聞かせください。

日本ではあまり語られませんが、コンピュータの最大の用途は二つあります。一つは情報のチェック、スノーデン事件（43ページ、注3参照）で有名になったような話です。それからもう一つは、核分裂とか原爆製造の計算、核実験のシミュレーションです。イメージ解析も基本的には軍事衛星とか軍事用のものから出てきたのですけれども、それと同じで計算機の世界は軍事目的が主導しています。アメリカや中国が莫大な演算能力を備えたスパコンを持っているのは、核分裂の――専門家から見ると割と単純な計算を大量に行うための――そういうタイプのコンピュータを必要としてきたからです。

しかし、分子動力学[5]のような複雑な計算になってくると、まったく違ったアーキテクチャーが必要になります。逆に言うと、軍事目的というのは戦艦大和みたいなもので、国の威信を賭けてやるものですけれども、民生用のシステムというのはアメリカでも個人の資産家などが参入してきていますし、日本でも頑張れるところではないかなと感じています。

アメリカでは、オバマ大統領の科学技術顧問でもあるデービッド・E・ショーは世界で四番目

ぐらいのヘッジファンドのオーナーなのですが、彼は私財から五〇〇億とか一〇〇〇億程度を投じて、分子動力学をやっています。ニューヨークのD・E・ショーのオフィスビルに行ってみると、一階から二〇階はヘッジファンドで、二一階から四十数階は分子動力学のスーパーコンピュータです。目標は創薬だと思います。すでにスーパーコンピュータ「京」の一〇倍以上の演算能力がある最新のマシンを個人で所有しています。

またビル・ゲイツが出資して、D・E・ショーと一緒に作った「シュレーディンガー」という会社は、シュレーディンガーという創薬研究の初期段階で使用するアルゴリズムを売っています。日本の製薬企業は、ほとんどシュレーディンガーのエンドユーザーです。彼らは、機械もアルゴリズムも、全部自分たちの中にとどめてブラックボックス化し、外部をすべてエンドユーザーにするのです。

シュレーディンガー社は、すべてブラックボックスにしているのですか。ユーザーは、その中身を信じるしかないわけですね。ちょっと気持ち悪いですね。

シュレーディンガーのような動きに対抗して、分子動力学計算を世界でオープンコミュニティ

5　分子動力学：多体問題における、原子や分子の物理的な動きのコンピュータシミュレーション手法。

でやろうという動きもあり、こちらのほうがD・E・ショーの会社よりも一桁、二桁多い研究者が参加しています。われわれは「京」を使い、GROMACSというヨーロッパのグループと組んでこの動きに参加しました。

昔、Unixに対してオープンのLinuxが出てきましたよね。電子顕微鏡用の画像処理のアルゴリズムでもRELIONというオープンのネットワークが、ケンブリッジを中心につくられようとしています。サイエンスって面白いもので、一方では秘密と独占、ブラックボックス化して独占化しようという起業家のマインドがあり、他方では必ず対抗してオープンでやろうという人が出てくるのです。しかし、必ずオープンプラットフォームのほうが人数的にも多くなって、いろいろな創造的な仕事が増えていって凌駕していくようです。

ゲノムプロジェクトについても同様で、セレラという会社のクレイグ・ヴェンターという人が始めたのですが、これが力を持ってきたら、世界中の人がオープンプラットフォームで対抗したわけです。

豊かな世界を切り捨てないサイエンス

結果のみを求める人は、問題があればパッチを当てるようにやり過ごしてしまい、「サイエンスとは」という原点にあまり戻らないようにも思います。サイエンスには真理や原理、パーフェ

クトを求めるところがあります。児玉先生は「サイエンス」という言葉をよく使われますが、それをどのように捉えているのですか。

私の考えでは、サイエンスというのは現実の投射の仕方だったり、それから現実に介入する手段だったりするのです。だから、本当に豊かなのは現実のほうであって、豊かな現実を投射した瞬間に、次元が減って苦悩が生まれてしまうようなものです。

文科系も同じじゃないかなと思うんです。たとえばシェークスピアの作品でも、人間がどういうものかというテーマを、ものすごくきれいに表現しています。『リア王』で老化問題を投射したり、『マクベス』では猜疑心を投射したり。次元の減らし方がものすごくシャープで、問題点がリアルにわかりますよね。

だから大事なのは、現実が豊かで、その「豊かな現実を投射しているサイエンス」という認識を持つことです。サイエンスは絶えず不十分なので、次元の減らし方やおかしな点を切り捨てていってしまう行為に敏感でいることが、サイエンティストとしてはすごく大事だと思っています。どのようなパーフェクトを求めるかについては、多様なアプローチがあっていいと思います。しかし、研究者の一つのタイプとして、あるところを切り捨ててわかったふりをする人がいて、それにはすごく神経を逆なでされます。

豊かな世界を切り捨てていってはいけない。科学が害になるということが非常にありえます。

そのほとんどは、次元を減らすときに、あるものを切り捨てることによって起こるのです。それに無自覚な人がすごくいます。ここは特に科学をやっている人の責任が、非常に大きく、考えなければならない問題だと思います。

これからの学問と融合研究

現在、また今後の先端研での研究の展開をお聞きかせください。

とにかくやらなくてはいけないとずっと思っているのは、がんの薬を作ることです。自分なりのつながりを持っていますので、計測と計算といった情報科学との連携を強化して、複雑な、特に進行がんの問題に対して、新しい治療薬や治療法をどこまで実現できるか、というのが一つです。

もう一つ今やりたいと思っているのは、ヒストン[6]にDNAが巻き付いてできている「ヌクレオソーム[7]」という複合体の構造と機能の変化をみていくことです。生まれてから、成長し、成熟し、老化し、死んでいく間にこれがどのように変わっていくかを、知りたいですね。ヒストンの修飾を質量分析で読み、超分子構造をクライオ電顕でとり、スーパーコンピュータの計算で動きをシミュレーションして、どのようなメカニズムがあるかを理解したいです。

先生の創薬の研究チームは、先端研・大阪大学・東大薬学部など多様なメンバーから構成されています。そういったチームをコントロールしていく秘訣はあるのでしょうか。

まったく現場主義ですね。まさにブラウン運動です[8]（笑）。いろいろな人がぶつかるまで当たっていって、どうも協調できずうまくいかないと、離れてしまって次に行きます。だから今のチーム構成を見ても、その日暮らしの感じがありますね。このような研究にすごく必要なのは、若い人たちが自由に新しい構造体を組めるようなチャンスです。ただ、離れていく人は、もうどんどん離れていきますが……。先端研もしかりですね。

今のがんの薬を作るチームでは、がんの薬の効果について検討する際も、オンラインなどでそれぞれの現場からフィードバックを行うのですが、ものすごいスピードでどんどんやり取りをし、現場感を共有しながらみんなで考えてやっています。自ずと、いろいろな専門分野の人たちが力を合わせてやっている実感が湧いてきます。

6 ヒストン：真核生物のクロマチン（染色体）を構成する主要なタンパク質。
7 ヌクレオソーム：すべての真核生物に共通するクロマチンの基本的構成単位。
8 ブラウン運動：液媒中の微粒子が分子の衝突で不規則に動く現象。熱運動などによって引き起こされる物体の不規則運動。液媒の中を移動する運動と回転運動の組み合わせで成り立っているが全く不規則な軌道を描く。

さまざまな場面でフィードバックと動的な変化を重視されているように感じます。学問や大学のあり方についても、関連した話があると思いますが。

今の日本のサイエンスがうまくいかないのは、大学にかなりの責任があると思っています。学問分野をものすごく固定化して、スタティックにしてしまっています。一つの方法がうまくいくと、それを継承してやっていくのが大事みたいな考え方になりがちですよね。だけど、問題が変わると、多分、現場が変わると方法論も変わります。現在のサイエンスには、さきほどもお話したように、最初の認知、認識の部分をどうデータ化するかという問題があり、たくさんのデータを計測して集めて持ってくる問題もあるし、それをデータ処理して計算をしていく問題もあります。

大学の場合は、歴史的な学問の流れというものがとても重視されます。計測の人は計測の人、計算の人は計算の人といった、それぞれが伝統芸能のようになっています。また、外科手術は外科手術だけ、放射線治療は放射線治療だけ、制がん剤は制がん剤だけみたいなところに閉じこもるような構造が、ものすごく強いじゃないですか。

それは、本当に問題を解くためのチーム構成を考えなくなってしまっていることに原因があると思います。学科とか学部のメンテナンスが主たる目的で、サイエンスが主たる目的でなくなってしまっている。

大学は、一つの問題、科学を解くためにグローバル化して、いろんなディシプリンを兼ねてやっていくという時代に変わってきたのではないかと思います。それなのに従来の二〇世紀型の大学像しか持っていないから、世界ランキングで何番とか、授業を三時限を二時限にして一時限にするみたいな議論しかできない。

先端研には、そういう流れを絶つための可能性をいつも感じているんですが、本当の意味での融合研究とかは進んでいないのが現状と思います。新しいチームができたり、融合する動きというのが進んでいるかというと、必ずしもそうではない。

われわれのような年寄りが融合研究と言っても難しいような気がしています。実際に現場を担っている若い世代の人たちが自由に動けるような仕組みをもっと思い切って作ることが必要じゃないでしょうか。先端研を、若い人のネットワーク的な研究組織に変えるという、そういうチャレンジをしたら面白い気がします。

どうしても自分の分野に引きこもっていってしまう人も多いから、先端研でやるにはそれを自分の所へとどめないで、外まで拡散できるような知的な強靱さを持っている人を集めないといけないと思いますね。そういう意味での戦略的な配置を考えるべきときが来ているのではないかと思います。

最後に、若い世代の人たちへのメッセージをお願いします。

若い人たちには、「今できることとできないことの間に、取っておくものがあるよ」と伝えたいです。選択とは、切り捨てることじゃないんだよ、と。プロの世界では切って集中することを美徳とする考え方がありますが、これにはまったく現実感がありません。何かを選び「他を切った」と考えた途端に、次の発展はなくなります。

ポジティブな選択はもちろんいいのですが、「今は答えられないけれど、いつかは答えたい」というものを切り捨てないでほしいのです。プランAとプランBの間で悩むと自分を消耗してしまいますが、外の世界に接していれば、AでもBでもないC、D、E、F、G、H、I、J、K……という選択肢が出てきます。それがどこかでAやBと関わることもあります。だから、ある選択をしたときにも、「こちらも大事だ」ともう一方も取っておく。人生で肯定や否定を確定できることは非常に少なくて、その間にあるものを認めるということが、実はその人の人生の豊かさを決めるのではないかと思います。

II

連携によるブレイクスルー

「研究室というチームは自分のものだ」「自分のやり方でチームのパフォーマンスを上げたい」というメンバーの心構えが必要です。仲間の発言を尊重して良いところを取り入れ、プラスアルファを付けて仲間に渡すことをルーティンにすることが必要です。

それぞれのリーダーシップ

マネジメントと連携

馬場 靖憲

馬場靖憲

教授、Ph.D.

1977 年 東京大学経済学部卒業。日本興業銀行を経て、1986 年 英国サセックス大学博士課程修了。同大 SPRU、などを経て、1997 年 東京大学人工物工学研究センター教授。2004 年より現職。2007 年 同大学院工学系研究科教授。2013 年文部科学大臣表彰科学技術賞を受賞。
著著：『デジタル価値創造』（NTT 出版 1998)、『産学連携の実証研究』（共著、東京大学出版会、2007）など。

おそらく一般的な予想に反し、研究室では高度なマネジメント力が問われる。主宰者は研究資金獲得に奔走し、グローバルなプロジェクトに追われる。近年顕著な、論文投稿数や引用数といったデータでの評価に揺れる研究者たち。生産性とモラルは共存できるのか。自律的に成長するコミュニティの根源を探る。

科学技術はいかにイノベーションをもたらすか

ご専門は、科学技術論と科学技術政策ですね。どういった学問なのですか？　経済学部を卒業後、イギリスのサセックス大学で博士号を取得されていますが、イギリスでの研究が原点になっているのでしょうか。

専門分野の紹介としては、科学技術はどのようなメカニズムで発展し、イノベーションをもたらすか。そのために、政策はどのように貢献できるか。また、科学の発展を阻害する動きに対して、それをどのように是正できるか、を考える研究といえるでしょう。

私がイギリスに足かけ七年、滞在していたのは一九八〇年代で、日本の技術力や産業競争力が顕在化し、世界の関心が日本の技術革新に一気に向いた時代です。当時、イノベーション研究は萌芽期で、その拠点の一つがサセックス大学のＳＰＲＵ（Science Policy Research Unit）でした。私は、日本の電気電子産業を対象に開発問題と技術革新が重なる部分で博士論文を書き、その審査に当たったクリストファー・フリーマン教授（イノベーション研究の創始者の一人）から研究員へのお誘いをいただいたのです。それが、今に至るきっかけになりました。

イノベーションという概念は、当然、昔からあったのですが、市場メカニズムの働きを重視する経済学で、技術革新という科学者、また、技術者が大きく関与する偶然性が高い現象をどのように分析すればよいか、主流派が強い伝統校では新しい研究課題への取り組みが遅れていました。

そこで、まずは学界の外からリーダーを招請し、経済学にこだわらず周辺の科学研究を総合して新しい研究領域の開拓に踏み出したのが一九六一年に開学されたサセックス大学だったのです。一九六六年にＳＰＲＵができた当初の所属教員は、フリーマン所長ら三人だけでした。科学技術に固有な発展メカニズムを重視するＳＰＲＵの伝統は、イノベーション研究の進展のもと、経済学の枠組みに接ぎ木され、最近では経済学の駆動力で研究が進展している感があります。しかし、八〇年代後半、私が在籍した頃は研究の模索期で、それこそ喧々諤々、多分野の研究者が研究の方向性をめぐって活発に議論していました。

イノベーションとは、新しい組み合わせを見つけ出そうとする人間の意欲、本能、構想力によって、製品、サービス等に何かが生まれ、それが市場に支持されて初めて成立する希少なイベントです。発明家も企業も、イノベーションに期待される多大な利益に対してリスクを取っており、まさに経済的な行為です。

しかし、技術変化を経済の枠組みのみで分析することは難しい。たとえば、地球温暖化に対して環境負荷の少ない技術体系を実現しようとすると、市場メカニズムの活用に加えて、それぞれの技術について固有の発展パターンを理解する必要があります。技術的にどうしても無理な選択肢を実現するために政策的にインセンティブ供与しても、それが成功するわけはありません。私がいたころのSPRUでは、経済学が信奉する市場メカニズムを活用する際には、今ひとつ、実際の科学技術活動の実態を理解する必要がある。そのために、どのように経済学・社会学・経営学・工学等の学際研究を行い、科学技術、また、イノベーションに関する概念化・モデル化を進めるか、見識を共にする世界の研究者が集まったのが国際シュンペーター学会であり、理論フレームとしての進化経済学でした。

われわれの研究はどのように進められるか。理系研究者が誤解することが多いのですが、われわれの研究の方法論は物理学に代表されるサイエンスと全く同じです。理論から導かれて、何らかの仮説をつくり、データを集め、そのデータによって仮説を検定する。

一方、デフレが二〇年以上続く日本の現状では、イノベーションを促進するための政策として、政府は欧米で成功した事例、また、政策を一括して採用する傾向があります。たとえば、大学の知的財産の取り扱いについて、米国のバイドール制度[1]の評価を受けて、日本でも、政府資金による研究成果としての知財は企業、また、大学に帰属させるようになりました。

しかし、制度が変わっても、知財の事業化は想定されたようには進んでいないのが現実です。実際には、米国の有力研究者は、バイドール以前から米国では大学の技術移転が進んでいるため、制度自体の政策効果を実証することは難しいと主張しています。このように、メカニズムの理解なしに欧米の先行事例を導入しても、政策立案者の意図と違う効果が生まれる可能性があると、われわれは危惧しているのです。

産学連携の主役

「科学技術」と一口に言いますが、「科学」の分野と「技術」の分野では、全く異なる歴史展開をしてきたように思います。それが「イノベーション」として融合し、新しい産業分野がどんどん生まれています。科学者も技術者もいる中で、政策をつくらなければならない世の中になっています。こうした中で、産学連携についてはどのようにお考えですか。

われわれの立場からみると、産学連携の主人公は企業で、企業の持つ absorptive capacity、つまり「技術の吸収力」を重視します。大学関係者としては、大学の研究室から素晴らしい科学的知見が生まれ、ＴＬＯ（技術移転機関）等を経由して、技術が産業界に降りていくイメージを抱きがちですが、産学の関係は複数の企業や人、モノが有機的に結びつき、連携しながら進化するエコシステムの視点から見るべきです。

企業は、まず、自らの技術吸収力を使って、自社の役に立つ科学技術がどこにあるか、大学や国の研究所等の活動状況を慎重に調べます。そして、目的にあう知識があれば、それを十分に理解し、さらに、それを自社の利益のために活用します。産学連携に際して、企業は、大学研究室を広くモニタリングしており、特定分野の技術が欲しいと思えば、複数の研究室の成果を比較検討します。この研究室とは名刺交換する、この研究室とはヒトとお金の両面で深くコミットするように、戦略的に対応するのです。つまり、大学は企業から選ばれるパートナーです。大学が、素晴らしい研究成果があるから使ってくださいと言う際には、企業は、それなりのコストをかけて自分たちを評価していることを思い出す必要がある。

それでは、どうすれば企業に探し出してもらい、事業化に向けた連携関係を結ぶことができるのでしょう。基本的には、大学が企業にできない理論に基づいた科学研究を行うことに尽きます。加えて、接触してきた企業の市場ニーズに関心を持ち、どのように技術シーズを具体的な製品・サービスに落とし込めるか、積極的なコンサルティングができれば鬼に金棒です。どんな企業で

1　産学連携で開発された知的財産に関する条項に基づく制度。

あっても時間を惜しまずに会い、それぞれの市場形成のために具体的にアドバイスし、成果を特許として共同出願する。連携する企業が増えるにつれて、大学に蓄積する事業化のためのノウハウは急増し、技術標準の設定等、大学が産業形成についてリーダーシップを取る可能性すら生まれます。このような展開を可能にするのは、あくまでも大学の科学研究のレベルの高さであり、大学が産学連携のために何か研究するというのは本末転倒でしょう。

産学連携に向く研究者

産学連携に興味がなく、基礎研究に取り組み続けている研究者もいます。政策が産業寄りになると、そうした研究者は研究費が少なくなったり、企業からの支援を受けられなかったりして、研究費に差が出てきます。大学における研究は、企業が興味を持つか否かに関係なく行われるはずなのに、こうした状況から迷惑を被っている研究者もいるような気がします。

大学教員の研究活動の目的をまとめると、「現象の科学的理解」と、何らかの「社会貢献」の二つに大別されます。研究者は、個人の性格、また、その活動分野の特性によって、二つの目的に対して異なる取り組みをしており、ストークスは、「パスツールの四象限」という図式を提案しています。すなわち、科学者の中には、細菌学という分野を開き、ワクチンの予防接種を開発したパスツールのように、科学の進歩と社会貢献を両立させるタイプがおり、その研究は社会への出口を意識した基礎研究といえます。対照的に、量子力学を確立した反面、その応用としての原子爆弾の開発には協力しなかったニールス・ボーアのように、科学の社会貢献には関心が薄いタイプもおり、その研究は純粋基礎研究となります。（ちなみに、科学に関心がなく、製品化による社会貢献に専念したのがエジソンで、応用研究者の代表です）。

このようにみると、「パスツール型科学者」が産学連携に向いているのは当然です。同タイプの研究者として日本を代表する橋本和仁教授（元・先端研所長、現・物質・材料研究機構理事長）は、基礎研究を出発点として、産業界、また、政府から潤沢な研究費を獲得し、それによって光触媒産業の育成のための応用研究に加え、新しい基礎研究に取り組み、産学連携と科学研究の高度化についてポジティブ・フィードバックを実現しています。反面、理論物理学のように「ボーア型科学者」として活動することを余儀なくされる研究分野もあり、その場合、同分野をどのように助成するか、政府による長期的観点に立った政策判断が必要になります。

それならば、「パスツール型科学者」として活躍する余地がある研究分野では、研究者は、どのように振る舞えば良いのでしょう。実は、今日の科学研究は、研究者がその頭の中で行うというよりも、研究室の運営によって組織的に進められる傾向があります。科学の進歩を優先する「ボーア型科学者」であっても、研究室をどのように効果的に運営するか、研究マネジメントが重要になります。

一般的に、研究室の運営は、基本的にはボスのマネジメント能力に依存するので、マネジメント能力が高い研究者は、その能力を活かして研究成果を挙げると同時に、積極的に社会貢献に乗り出す時代になったようです。対照的に、夜中まで研究室にこもり、データを出して論文を書くことに専念する「たこつぼ型」研究者は、こうしたマネジメント能力に欠けることがあり、その場合、「ボーア型科学者」の途を選んでも十分な研究成果を得られないでしょう。今日では、どんな研究分野であっても、社会に向かって積極的に情報発信するマインドセットとマネジメント能力が必要です。

産学連携の良い面もあれば、そうでない面もあるのではないかという印象があります。古の人たちというのは、特許のような問題は横に置いておいて、情報を全部オープンにしてそれを共有しながら科学を展開しようと言っていました。しかし産学連携が進む中で、特許などの縛りが出てきて情報公開ができなくなってしまうから、まさに科学の分断が起きてしまう。こういった状況のなかで、科学者はどのように行動し、研究を進めていけばよいのでしょうか。

科学コミュニティはどのようなノルム（規範）によって科学者の活動を規律してきたのか、伝統的に有力なマートン学派の主張をみてみましょう。そこには、科学者はその発見を独り占めしてはいけないというコミュナリズム（公有主義）というノルムがあり、科学的発見は科学コミュニティで共有される必要があり、個人の権利は発見に対する認知と評価に限定されます[2]。たとえば、バイオ分野には他研究者から研究に使用するマテリアルの提供を要求された場合、それを条件なしに受諾する慣行があり、それによって科学者は実験を追試し研究方法を標準化して、科学の発展を促進してきたのです。

実際のところ、近年、科学の商業化によって、科学の発展に貢献してきた従来からのノルムが失われると、米国科学アカデミーなど科学コミュニティから懸念の声が挙がっています。米国の実証研究は、科学の商業化の負の側面を明らかにしており、商業活動に携わる科学者は、研究マテリアルや研究データの交換に消極的であり、特許出願を優先して論文発表を遅らせる傾向にあり、産学連携を実施したり、企業から研究費を得ている科学者は研究成果の公表に消極的であり、特許出願者は秘密主義になる傾向が知られています。

紹介した米国での研究は、「商業活動に関与する科学者が従来からのノルムに反して行動する」ことを明らかにし、コミュナリズム・ノルムの衰退を示唆しています。しかしながら、より深刻なのは、日本の一般的な（商業活動に関与しない）科学者のノルムに対して、科学の商業化が与える影響を分析した私と柴山創太郎博士（東京大学薬学系研究科特任准教授）の研究結果です。

2　マートンは、その他のノルムとして、普遍主義（業績は個人の性格や地位とは無関係に評価されなければならない）、利害超越（発見は利害を超越して利用されなければならない）、系統的懐疑主義（科学者は新しい知識を批判的、客観的に評価しなければならない）を指摘している。

われわれの研究は、研究マテリアルの提供を求められた科学者が、何らかの見返り（共著の権利の収得、将来的な協力関係の保障など）と引き換えに、マテリアルを提供する行為に注目し、コミュナリズムの衰退を、共有の拒絶という形ではなく、「対価を前提とした受諾」という形でのノルムのシフトとして理解することを提案しています。このような視点からみると、科学コミュニティで商業化が進むと、マテリアル提供者が無償での依頼を拒否する確率が高まる一方で、見返りがある依頼ならば、拒否する確率は低下します。同様に、商業化の進行と共に、全依頼に占める無償での依頼の比率は低下し、見返りのある依頼の比率が増加しました。これらの変化は、特定の科学者が商業活動をしているか否かにかかわらず科学コミュニティ・レベルで観察されており、日本ではコミュナリズム・ノルムが衰退し、代わって見返りを要求するコマーシャリズム・ノルムが台頭している可能性があります。

深刻と言ったのは、科学の商業化のノルムへの影響が、科学コミュニティという社会集団レベルで発生していることです。多分、その背景には、研究所の駐車スペースにフェラーリが停まっていれば、他教員は、次第に、それを可能にする活動様式を容認し、そのモデルが次第に集団内で普及する社会学でいうスポーツカー効果が働いており、こうなると、進行する流れを人為的に止めることは極めて難しい。このように、研究者間の公有主義に基づいたマテリアル共有が低下していけば、その結果、研究活動が不活発になるのは明らかです。

正直ではないが、不正でもない行為

科学の商業化が科学の健全な発展に複雑な問題を投げかけているのですね。それでは、現在、進行中の、大学への政府投資の長期的低下にはどのような影響があるのでしょう。ポストの減少傾向と共に、さまざまな形で教員評価も進んでいますが、このあたり、いかがでしょう。

マートン学派は、科学コミュニティには、科学を自律的に発展させる内在的なメカニズム、すなわち「報償システム：reward system」があると主張しています。研究者は学界のピア（同僚）に評価されることをインセンティブとし、論文発表のご褒美として、ポストを獲得し昇進するなど、科学コミュニティでの地位を向上させます。個別の科学者が自分のために努力すると、その結果、科学は着実に発展するのです。

当然ながら、このような環境におかれると、研究者はその研究成果を学術雑誌に発表することに最大限の努力を払います。そして、研究にあたっては、同僚の既存研究との間に類似性が認められるほど伝統的であり、業績に新規性がある相違点を生む程度にオリジナルなことが期待されます。科学論文がこのような要件を満たすために採用されたのが学術雑誌の査読（レフェリー）制度で、投稿された論文は複数の査読者の審査を経て、その採択・却下が決まります。現在、教員ポストの減少と共に論文数・被引用件数等による業績のマトリックス評価が進んでいる日本の研究現場で、投稿論文の審査をめぐりどのような現象が起きているか、みてみましょう。

お話したように、研究者が学術雑誌に論文を投稿すると、採択をめぐって査読者がコメントを出します。投稿者はそのコメントを見て、「まったくだ」と納得する場合と、「自分は正しいが、査読者に従った方が早く採択される」と判断して修正する場合があります。後者が、私と柴山さんが言うところの「Dishonest Conformity（DC）」で、科学者として正直でないが、査読者に素直に従うことが自分のためになる、研究不正でなく科学者のノルムにも反しない行為です。調査した大学のバイオ研究者三六〇名のサンプルでは六三パーセントがDCをして、九三パーセントの確率で論文を通します。従わないで再投稿を強行する研究者は一九パーセントおり、その反駁の七〇パーセントは認められますが、他ジャーナルに投稿し直すなど、最初にDCしないと採択率は五二パーセントに下がります（ちなみに、この査読者はおかしいと思ったときに、それに従わなくても、即却下というのは一八パーセント止まりです）。この数字でわかるように、評価に敏感にならざるをえない研究者にとって、Dishonest Conformity はやり得です。

次に、どんな要因がDCに効いているのか統計的にみてみると、個人でみると教授職よりも准教授職、分野でみるとより競争的な研究環境が効いているし、投稿先のインパクト・ファクターでは中堅よりも弱小ジャーナルにみられる傾向です。大学を取り巻く環境を受けて、最近、教員に対する論文数や被引用件数等のマトリックス評価が強化されるようになった結果、研究者が成果を積みますために、与えられた機会を利用するオポチュニスティックな行為に走り、研究不正といわないまでも、不正ギリギリが頻発しているのです。

このような状況は、日本の科学コミュニティにおいて、だれがどのような研究成果を挙げ、その結果、どのような地位を獲得するか、報償システムへの信頼性を低下させ、長期的には、日本の科学コミュニティの自律的発展を阻害する可能性があります。

若干、気になることとして、Dishonest Conformity を相対的にやらない研究者の属性に、海外への留学歴があります。米国を中心に研究倫理教育が徹底しているせいかもしれません。しかし、留学した研究者が、外国で研究室のボスから徹底した指導を受け、荒波に揉まれた学習経験が、帰国後に生きている可能性もあります。逆に、日本でそういう機会が不足しているとしたら残念です。

多様性をいかにポジティブに使うか

私の研究室にも研究員や学生がたくさんいますが、誠実な人は、論文自体が非常にロジカル、論理的です。論理的に書く人というのは、レビュアーから来たコメントに対しても的確に答えます。ところが、おおざっぱな人は、ロジックも宙に浮いている。レビュアーに対しても精密に誠実にやらなくても、ある程度で返せばいいよねと。自身が持っている属性がかなり影響している

のではないかと思います。

どうやって、ロジカルな論文を書き、査読者のどんなコメントにも的確に対応する学生を育てるか。正直、近年、大学を取り巻く研究環境が悪化して、パンドラの箱が開き、箱の中から、様々な研究不正や、不正ギリギリがワーッと飛び出してきた。しかし、研究室における地道な教育という希望が箱の片隅にいることを忘れてはいけないと思います。

学生の間での交流、また研究者間、研究室間の交流が重要ですが、それがどんどん薄れてきている。

各教員が外部資金を取るために費やす時間が多くなっていることが最大の原因です。しかし、内部でどこまで連携する必要があるのかは、別の問題です。

私はかつて学内の人工物工学研究センターで、八年間、工学系の諸先生と共同研究し、工学の学術誌への論文発表もあります。本格的な異分野交流を行った経験から痛感するのは、成果という出口で研究をどう評価してもらうのか、学際研究では事前にゴール設定することが極めて難しいことです。

そもそも、たとえ新領域で確たる成果が出たとしても、それを発表できる学術誌という舞台がない。国際ジャーナルを創刊して読者を増やし、引用件数を稼いでインパクト・ファクターを上昇させるのが、多分、王道でしょうが、そのためには大変なエネルギーが必要です。

とりあえず、やってみるというレベルだと、研究者にどのように研究室の壁を越えさせるか、適切なインセンティブを与えることが課題ですね。モティベーションを上げて本格的に進めようとすると、私が在籍したＳＰＲＵのように新しく組織を立ち上げ、リーダーシップを持った研究者にある程度長期、組織を引っ張ってもらうのが本筋でしょう。

普通、研究室を主宰するシニアな研究者が研究計画を立てて、博士、また、ポスドクの学生等が実験してデータを出し、シニア研究者が論文にまとめるのが常識ですよね。確かに、応用研究では、メンバーの役割分担をカチッと分けて研究室の活動を機械的にマネージすると生産性が上がります。

私と柴山さんの研究からは、基礎研究では、ジュニアな研究者がアイディアを出して研究を引っ張ることもあるし、シニア研究者が実験に立ち会うこともあり、臨機応変に研究室における仕事の割り振りを替える柔軟性のある研究マネジメントをした方が生産性が上がることがわかっています。

どうしてこうなるか。実は、研究の生産性については、研究室のマネジメントによって、メンバーのモティベーションをどのように上げられるかが、大きく影響します。出てくる成果がある程度、最初から予測できる応用研究では、メンバーが決められたことをきちっとやれば、それを評価すればよい。

対照的に、何が出てくるかわからない探索型の基礎研究の場合、個人のやる気をどのように引き出すか、研究室の主宰者のマネジメント手腕が問われます。たとえば、研究室の若手が提案した研究計画について、リスクを覚悟してそれを採用すれば、若手のやる気が出て研究室の活動が活性化します。同様に、忙しいシニア研究者が、時間をみつけて実験室にこまめに姿を出せば、ボスに自分の能力を認めて欲しい若手研究者の研究への意気込みは確実に上がるのです。

大学での研究にも、「研究室というチームは自分のものだ」「自分のやり方でチームのパフォーマンスを上げたい」というメンバーの心構えが必要です。研究室の他のメンバーと緊密なコミュニケーションを取り、仲間の発言を十分に尊重して良いところを取り入れ、プラスアルファを付けて仲間に渡すことを日常的に普通にすることですね。

最近、話題になる研究不正の背景には、研究室を主宰するシニア研究者が研究費の獲得に追われ、研究の現場への目配りが不足する状況があります。現場から上がってきたデータを組み立て、論文を一流学術誌に掲載することに最適化した研究体制を選択した結果、人材育成のための研究マネジメントという側面に大きな落とし穴が生まれました。基礎研究に携わる良心的な研究者は、「資金獲得のための申請書を書くかわりに実験室を覗く時間がもっと欲しい」と皆、言いますが、筋の良い研究者を育てる観点からは当然すぎる発言でしょう。

最後に、産学連携という世の流れの中で、難しい立ち位置にたたされている基礎寄りの研究者が研究を進めていくときに何が重要となるか、お聞かせください。

すべての科学者が「パスツール型」になる必要はないので、政策や世論の動向に惑わされることなく「ボーア型科学者」として粛々と研究すべきでしょう。

注意すべきは、第一に、出口のある研究を求められ、その研究に論文数、また、被引用件数等のマトリックス評価が強化されたときの対応でしょう。その際には、どうやって、ロジカルな論文を書き査読者のどんなコメントにも的確に対応できる学生を育てるか、研究室での教育の質の維持が鍵となります。

次に、どのように研究のレベルを上げるか。この点については、基礎研究では、研究室において臨機応変に仕事の割り振りを替える柔軟な研究マネジメントをした方が生産性が上がるという事実が重要です。何が出てくるかわからない基礎研究において、どのようにして研究室メンバーのやる気を引き出すか。リーダーシップのある研究室でメンバーが自由闊達に研究した結果、大きな発見が生まれ、その成果が自然体で*Nature*、また、*Science*で出版されるのが本来のあるべき姿です。今日のように大学を取り巻く研究環境が悪化し、研究の推進に対して金銭的なインセンティブやマトリックス評価が行き過ぎると、基礎研究の本来の姿が見失われかねないことを危惧します。

人が生きるためのコミュニケーションとは何か、人が生きていくうえで必要最小限のコミュニケーションのエッセンスは何かを突き詰めたい。それを探るうえで、障害者の視点が役に立つかもしれないなと思っています。

差異を超えて伝えるコミュニケーション

コミュニケーションと連携

福島 智

福島 智
教授、博士(学術)

1992年 東京都立大学(現・首都大学東京)人文科学研究科博士課程満期退学。1996年 東京都立大学人文学部助手。1996年 金沢大学教育学部助教授、2001年 東京大学先端科学技術研究センター助教授などを経て、2008年より現職。

著書:『盲ろう者として生きて——指点字によるコミュニケーションの復活と再生』(明石書店、2011年)、『ぼくの命は言葉とともにある』(致知出版社、2015年)など。

視力も聴力も失った福島教授との対談は、通訳者の指点字を介して行われた。にもかかわらず、普段まわりの人と話すときと変わりなく会話が成立する。人にとってのコミュニケーションとは何か。その本質には、単に情報を伝えるだけではない、得体の知れないものが含まれている。

バリアフリーとは

福島先生は、目が見えず、耳も聞こえない全盲ろう者として、世界で初めて大学の正規の教授になられたとうかがっています。もちろん、東京大学教授としても初めてで、バリアフリーや障害学を研究しておられます。バリアフリーとは一体、何なのでしょう?

「バリア」は障壁を意味していて、目に見えるバリアもあれば、目に見えないバリアもあります。物理的なバリアは、歩道の段差や階段などがわかりやすいですね。文化や情報、通信のバリアもあります。たとえば、スマートフォンは見えている人を想定しており、見えない人はそのままではうまく使えませんから、情報や文化のバリアになりかねません。ほかにも、法律や制度のバリア、心のバリアなど、いろんなバリアがあると思います。人と人の間、自然と人、人と環境の間のバリアも。神﨑先生が研究なさっている昆虫と人の間にも、バリアは生まれるのでは？（笑）

こうした目に見えないさまざまな障壁を除去していく取り組みを、広い意味での「バリアフリー」と位置づければ、研究に広がりが生まれ、あらゆる学問ともつながっていきます。つまり、「学際バリアフリー研究」です。

障害者についても、個人レベルの問題だけでなく、社会全体のバリアフリーが大切になってきます。そもそも「障害」とは、個人の身体の中に閉じ込められて存在するものではなく、社会や外部の環境との「間」に生じるものという考え方が、現在の国際的な潮流です。しかし、日本はこの点でまだ遅れています。

たとえば、こうした障害観をベースにしている「障害者権利条約」が二〇〇六年に国連総会で採択されましたが、日本の批准は二〇一四年で、世界で一四一番目という遅さだったんです。

日本は、エレベーターとか視覚障害者のための点字（誘導）ブロックなどの物理的なバリアフリーは得意ですが、とくに法制度のバリアフリーが非常に遅れています。たとえば、障害があることを理由に、学校へ入るのを断ったりすると、アメリカなら裁判になります。そして、たいていの場合は拒否したほうが裁判に負けるんですよね。合理的な理由がない限り、障害だけを入学拒否の理由にはできないのです。もちろん、試験を受けて不合格になれば入学できませんが、試験を受けるにあたって、たとえば、目が見えない受験生に普通の文字で書かれた問題用紙をわたして、これで解きなさいというのは無理な話。事実上、拒否しているのと同じですよね。二〇一六年四月に「障害者差別解消法」が日本でも施行されましたので、今後徐々に改善されていくことは期待されますが、課題は多いです。

バリアは、障害者に関することだけではありません。制度的なバリア、物理的なバリアの一例は、東京大学にもあります。たとえば、ここ東大先端研の所長室や事務部がある十三号館は、一九二九年に竣工されたもので、三階建ての重厚な建物ですね。二〇〇一年に先端研に着任した時、私の研究室は十三号館の一階にあったのですが、女性スタッフがトイレに行くとき、わざわざ二階に上がっているということを知って疑問に思いました。聞いてみると、女性トイレは二階にしかないんです。これは一体何なのかと考えました。そして、そうか！と思いいたって、グサッと胸を刺されたような気持ちになりました。当時、東京帝大には男しか入れなかったわけです。

今日の教授会で、大学教員に占める女性の割合をもっと増やさねばという話がありましたが、それを今ごろ言っているのも、昔、男しか入れない制度を作ったからですね。そういう社会の歴史的な「ツケ」が、現在にも影響してきているんですよね。人間の半分が女性であるにもかかわらず、それだけ女性が排斥されている社会というのは何なんだろうと。

物理的なものだけでなく、文化、情報、通信、法制度など、いろいろなバリアフリーをテーマ

に研究してこられたのですね。東京大学で教鞭をとるようになってからの十数年間で、周囲の変化は感じていますか？

私は、「化学反応における触媒」になりたいと思って仕事に取り組んできました。結果的には、ある程度うまくいったかなと思います。盲ろう者ということだけでなく、単一の障害であっても、重度の障害をもった状態で東京大学の正規の教員になった人は、おそらく私が初めてだろうと言われています。障害ゆえの困難をサポートする「バリアフリー支援者」の常時支援を受けながら、大学で教員として仕事をするなどということは、そもそも日本の大学の制度として想定されていなかったので、初めてのことばかりでした。いろんな壁にぶつかったけれど、周囲の方々に協力していただきながら、モデルケースとなってきました。そして、大学として、障害のある教員や学生、入学希望者をきちんと予算措置をしながら支援していきましょうという動きが生まれ、学内にバリアフリー支援室ができました。これは、国内の大学のシステムとしては、かなり先進的な取り組みだったといえます。

私は、そのきっかけを提供しただけなのですが、私の所属しているこの東大先端研が、独自性を重んじて、他がやらないようなことを率先してする、文字どおり「先端」を行く研究機関であることも大きかったですね。常識にとらわれず、リスクを恐れずに挑戦するという姿勢が、私の条件やフィーリングにぴったりだったんです。私の人生は常に、常識に縛られない、前例がないところで勝負せざるをえなかったので。前例がなければ、自分が前例になるしかありませんから。

二〇〇一年に、助教授として着任した当初、私のほかには、バリアフリー関係の研究者は一人もいませんでしたが、今は先端研の教授会構成メンバーだけでも五人になりました。そうした部分でも、触媒の役割を果たせたかなと感じています。

「コミュニケーション」の鍵は感覚情報が握る

福島先生は、「当事者研究」を打ち出しておられますね。日本国内、あるいは世界的に見て、どういう位置づけなのですか?


(障害の) 当事者研究とは、障害のある立場で研究をすることです。これまで障害者は研究される側、つまり研究の客体でした。そうではなく、主体として研究を進めていくのが我々の姿勢です。障害をもつ視点で研究に取り組むことにより、障害のない人たちが見落としていた新たな視点や研究方法、別の理論的な枠組みなどに気づく可能性が開けます。東大先端研には、二〇一五年度から、まさに、「当事者研究分野」が発足しました。それを主宰するのは、肢体障害当事者の熊谷晋一郎准教授です。

ところで、私が当事者研究を進めるなかで関心を抱くことのひとつは、「人間にとってのコミ

ユニケーションとは何か」です。

博士論文をベースに書いた『盲ろう者として生きて』（明石書店、二〇一一）の中で、私は自分自身について、研究したんですよね。会話を録音したテープとか、母親や関係者の日記・手紙、自分がかつて書いた文章などの資料がかなり膨大にあったので、それと各種のインタビューなどをもとに、自分自身のライフストーリーを分析しました。

私は、九歳で目が見えなくなって、一八歳で耳が聞こえなくなった。視覚と聴覚を失うことでコミュニケーションがいったん奪われてしまう。そこからコミュニケーションを復活させていく再生の過程というのは、いったいどういうものなのか。膨大に存在する視覚的・聴覚的情報の中から何を選び、何を優先的に提供されることで、私は世界の中で自分の位置を見いだしていったのか。そのことを考察したんですね。

見えること、聞こえることで得られる情報量はものすごく多いですよね。一〇年ほど前に、この情報量の違いの大きさをおおまかにつかむために、テレビのニュース番組の録画で、データ量（バイト数）を比較したことがあるんです。ある条件で計算すると、音声だけのデータのバイト数は音声を文字起こしした文字データのおよそ二〇〇〇倍、動画データは五万倍になりました。

条件の取り方でこの数字は変化するでしょうが、とにかく文字どおり桁違いに情報量は異なるということですね。

一方、盲ろう者である私は今、点字で本やパソコンの文字を読んだり、「指点字」を通してコミュニケーションをするというように、ほとんど「文字情報」しかない中で生きているわけです。そうした最小限のギリギリのところで社会と関わっていくために、自分にとっての「コミュニケーションの座標軸」を得る鍵は何なのか。それを考えたのが私の博士論文であり、さきほどの拙著です。

一般に、コミュニケーションは言葉（言語情報）によってなされると思われがちですが、純粋な意味での言葉ではない情報、つまり、視覚や聴覚から入ってくる感覚情報を含めた全体的な文脈（コンテクスト）がコミュニケーションの鍵を握ります。

たとえば、会話しているとき、相手が話しながら自分の腕時計をチラチラ見ているとか、部屋に突然別の人たちが大勢入ってきて、周囲がガヤガヤしているとか……。いろんな感覚的情報が言葉にからみついてきますよね。

ところが、私にはそうした感覚情報がない。「文字」しかない。そこでどうすればよいかという問題です。演劇やドラマの脚本で考えれば、そこにはせりふだけではなく、俳優の動作とか舞台装置についても書いてあります。小説でいえば、「　」でくくられた会話の部分だけでなく、作者による描写や説明の「地の部分」がありますね。もしこうした説明や描写がなくて、純粋なせりふだけの演劇のシナリオや、会話だけの小説だったらどうなるか。だれがだれに対して、どういう状況で話しているのかがさっぱり分からなくなりますよね。これと同じようなことが、かつて盲ろう者になった直後の私には、現実に生じていたんです。

コミュニケーションにおける言葉は、抽象的な記号として存在するのではなくて、具体的な「話し手」によって、具体的な「聞き手」に対して発せられます。それはまた、具体的な文脈を持った「その場、その時」のさまざまな条件の中で、語られます。

しかし、私はこうした「感覚情報」がほとんどない世界で生きている。そのことで、逆に見えてくるものがありました。つまり、コミュニケーションには、「言語的情報の文脈」だけではなく、「感覚的情報の文脈」が密接な関連を持っているということです。それらを総合して、「感覚・言語的情報の文脈」と、私は名付けました。

その中で、過去の記憶や、見えていたころの記憶も、うまく使うことになるのですか？

たとえば、「赤」という言葉に対して、私は赤い色を見たことがありますから、赤という色彩のイメージを思い浮かべるという意味では記憶を使っています。でも、生まれつき目の見えない人の場合は、赤という言葉に対して赤い色は思い浮かばないんですよね。「赤いリンゴ」という言葉に対し、リンゴの手触りを思い出したりするんです。

「夕日を浴びたビルが向こうに見える」という言葉から、私なら、美しい夕陽が窓ガラスに当たって跳ね返っているような映像をイメージします。しかし、生まれつき目の見えない友人に聞くと、「コンクリートの壁などの手触りをイメージする」と言っていました。概念的、言語的な「建物」はわかるけれど、実際に見ていないので、見える人と同じようにはつかめない。ビルのイメージは、彼にとっては触った感触なんですね。

しかし、一般の人でも目に見えなくても、存在を確信するものは案外あるのではないでしょうか。たとえば、素粒子などは大概見えませんよね。でも、理論的に、あるいは間接的にあるということがわかれば、いろいろなモデルを使って概念化することができます。それと同じような感じで、直接見えなかったり聞こえなかったりして感覚的に伝わってこなくても、言語的な記号を使うなどしてイメージすることはできるのだと思います。

夢の中で、色やにおいを感じることもありますか？　私は、色や音は感じるのですが、においはなかなか夢の中で再現することができません。においは、見たり聞いたりとは脳内の情報回路が違うので、そのせいかと思っていたのですが。

においの回路は、記憶の中枢の近くにあると聞いたことがあります。しかし、においが感じられないのは、普段、目と耳から入ってくる情報が多いからではないですか？　私の場合は、においも味も手触りも感じます。夢の中で、ビールを飲んでいい気分になっていたりね（笑）。九歳まで見えていて、一八歳まで聞こえていましたから、音もわりと感じます。色も出ることがありますが、だいぶ減ってきていますね。

それと、おかしな現象もあって。うーん、どう説明すればいいのかな……。五感では表現できない感覚があるんです。「声のないナレーション」みたいなものが流れることがあるんですよ。

物語の中の世界のようなところに、自分が入っている感覚があって、登場人物兼、作者兼、（声なき）ナレーターみたいになっているんですよね。たとえば、向こうに誰か知っている人がいる。その存在は見えないし、声も聞こえない。だけど、そこにいる人がだれだか、なにを言っているのかはわかる。そういう設定の夢をよく見るんですね。まるで夢を使って物語を書いていて、自分がその中にもいるような感じです。

だから、夢まで言語的になっているんです。そこはちょっとしんどいですね。ただ、味とにおいと感触は言語ではないから、そこは感覚がありますが。つい先日も、どういうわけか、鷹を抱いている夢を見ました。鷹匠になった夢なのかな。鷹を腕に乗せている感触や、心臓の音、鼓動の速さを夢の中で感じていました。軽く噛まれたけれど、「痛いと思うほどではないなぁ」と思ったのも覚えています。これはいったい何なんだ！と調べたくなるような夢でしたね（笑）。

実生活の主なコミュニケーション手段としては、さきほどもお話に出てきました、お母さまの

考案された「指点字」を使っておられますね。指点字通訳者が、盲ろう者の両手の指を点字タイプライターの六つのキーに見立ててタッチし、文字情報を伝えていくのですね。今この瞬間も、通訳の方が逐一、私の発言を指点字で先生に伝えておられます。

ええ。指点字通訳者は、相手が言っていることをそのまま文字で伝えます。手話通訳や外国語の通訳のように意味をとっているのではなく、音を取っているので、速記みたいなものですね。即時的にやり合っているから、メールとは違ってチャットに近い。それと、ある程度、強弱やリズムのようなものも表現できるので、非言語的な情報も少しは入ってきます。

たとえば、相手が感情的になってガーッと言っているときや、元気のない小さな声になっているとき、ある程度は連動させて、強さや弱さや言葉のリズムを、指のタッチで表現してもらうようにしています。私の考える理想的な通訳者は、「霊媒」なんですね。狐憑きというか、憑依現象というか、相

指点字の様子

手が通訳者に乗り移ることができればいい。役者みたいなものですよね。相手のコミュニケーションの本質を再現できるかどうかが重要なんです。

箸を持ったとき、それを手の延長として拡張し、身体として「一体化」してしまう機能が脳にはあります。こうやってずっと指点字をしていると、通訳の方と福島先生が一体化するようなことはないですか？

いえ、私と通訳者が一体化するのではなく、相手の人、つまり今だと神崎先生と通訳者が一体化するということです。あるいは、一体化というよりも、相手の人の肉体的存在が消える感じです。私にとっては、話している相手の、いわば言語的な本質だけが私の認識空間に浮いている状態になります。霊のような感じなんです。霊というと死んでおられるみたいだから（笑）、魂というか、内面というのか、そういう感じですね。指点字のタッチ自体でもなく、映像や音でもありません。

通訳者の実体もなくなり、霊媒として、通訳者は話し相手と融合します。ですから、もし通訳者に感受性がなければ、私が会話する相手の感情や複雑な文脈が伝わりきらずに、均一化・中立化されてしまいます。また、通訳者が変わると、微妙にニュアンスが変わってきたりします。

デジタルのコミュニケーション、アナログのコミュニケーション

さきほどコミュニケーションのカギを握るとおっしゃっておられた、「文脈」についてもう少しお聞かせください。

一般に、文脈といえば、狭く考えると「話の前後の流れ」のようなものですが、それだけではありません。たとえば今、私たち二人が話している状況での文脈は、まずはこの先端研三号館六〇一セミナー室という場所がどういう場所なのか。今はいつなのか。ここにだれがいるのか。話の目的はなにか。私が対談している相手、つまり神崎先生はどんな外見や属性の人なのか。どうやら人間で、おそらく地球人であろうというようなことも文脈です（笑）。

つまり、ある状況の特徴や性格、背景となっている共通の理解や認識、誰が誰に向かってどのように語っているか、何のために語っているか、そのメタメッセージ（文字どおりの意味ではなく、その背後にある本来のメッセージ）は何か、発言の背景にある意図は何かなど、さまざまに錯綜し、階層化された複雑な全体的構造が「文脈」です。そして、こうした広い意味での文脈、文脈の広がりや深さを明確に示す語として、「感覚・言語的情報の文脈」という表現を私は使っているということです。

このように複雑な文脈を、指点字でさっと伝えることはできませんよね？　ですから、最小限の情報を最大限に伝えるにはどうするか。まず、言語的なレイアウトというか、発言者が誰であるかを明示します。そして、発言者の客観的な発言を伝える。その際、通訳者という、いわば劇のシナリオを書いている劇作家の立場の人が、すき間をぬって状況説明を入れてくれるわけですね。この部屋には何人いるか、どんな感じにしているかといった説明です。

このように、劇のシナリオのようにその場のコミュニケーション状況を切り取ることで、なんとか文脈自体を把握するようにするというのが、私が受けてきた情報提供の仕方です。言葉だけが勝負だから、時には、嘘をつかれることもあります。意図的に嘘を伝えようと思えばできちゃうわけです。

よく、「もしも、通訳者がでたらめを伝えたらどうするのですか？」という質問を受けるのですが、こちらも戦略を練ります。おおむね二つやり方があって、一つは、情報提供者を複数用意する。もうひとつは、会話のやり取りの中で確からしさを検証していく。

私たちは今、ここで話のやり取りが成立していますよね。ということは、神﨑先生の発言を通訳者がすべて創作することは不可能に近い。ねつ造されていたり、歪曲されたりしていたら、どこかに齟齬が生じて、「おかしいぞ」ということになってきます。最初の一言、二言ならわからないかもしれないけれど、やり取りを重ねていくうちに、だんだんと嘘がわかっていくんです。ちょうど将棋を指すようなもので、最初の一手、二手はたいして組み合わせがないかもしれませんが、だんだん言葉のキャッチボールをして十手、二十手と進むうちに組み合わせのバリエーションが膨大になってきて、それだけ個性的になっていくんですね。

ただ、文脈をもとにしたやり取りはロジカルなので、デジタル的になりすぎてしまい、人間味がなくなったりもしてきます。最小限の情報だけで、いかにコミュニケーションの世界を築き上げるか。それは、一般の人たちが現代のIT社会で抱えているジレンマと似ているかもしれません。アナログ的なものが切り捨てられたメールやチャットのやり取りでは、細やかな感情を伝え合うのはなかなか難しい。難しいけれども、つながっていないと不安でもある。それは、健常者も障害者も同じです。

先ほど申し上げた「人間にとって、コミュニケーションとは何なのか」というテーマは、そこにつながっていくんです。「人は、なぜコミュニケーションしたがるのだろうか」と。

他者との触れ合いを求める

『盲ろう者として生きて』の中で、「他者への憧れ」という言葉を使われていたんですが、この「憧れ」が人とコミュニケーションをする理由にもなるのでしょうか？

英語だと「long for」。「切望する」とかっていう感じでしょうか。求めるけれども届かないっていうニュアンスがありますよね。

人間は本来的に他者と触れ合うことを求めているけども、おそらくどこまで行ってもほんとうには他者に届かない。「漸近線的」に限りなく近づいていっても、どこまで行っても、本当は触れ合うことはできない。たとえ皮膚が触れ合っても、魂に触れることはできないですよね？　そういった魂の融合や合一はできない。だけれども、だからこそ、なんとか手を伸ばそうとする。それがコミュニケーションを切望するということの意味なのかなと思っています。

今後は、どのような方針でコミュニケーションの研究を展開していくお考えですか。福島先生からの発信は、聴覚障害や視覚障害をもっている人にとって、とても大きな力になると思います。

私は、見えなくて聞こえないという外部情報が断たれた中で生きてきて、今も生きているという、いわば人生全体で「実験」しているような感じでやってきています。私だけではなく、聞こえないけれど見える人、見えないけれど聞こえる人も世の中にはたくさんいます。こうした感覚障害をもつ側の視点でコミュニケーションを研究し、見えて聞こえる人たちが研究しているコミュニケーションに関する知見と相互作用することで、互いに補完し合うことができればと考えています。

障害の有無や種類とは関係なく、根っこは、たぶん同じだと思うんです。「誰かとつながっていたい」。「他者の存在を確かめることで、はじめて自分を確かめられる」という感覚は、おそらく人間の中に共通にあると思うんですね。そのことを証明できれば、人間の社会の中で、もっとコミュニケーションが本来的な位置にくるんじゃないかと思っているんです。

コミュニケーションは大事だといわれますが、案外、社会制度の中では大事にされていないんですね。たとえば、社会保障関連の取り組みを考えても、衣食住の保障は最低限必要だと言われるけれど、コミュニケーションの保障は、人間にとって不可欠なものとしては扱われていません。コミュニケーションがなくても、とりあえず生きていけるんじゃないかと思われているんです。

しかし私は、コミュニケーションが保障されなければ、人間は実質的に「死ぬ」と思っています。精神的に、魂の部分で死んでしまう。それをなんとかうまく、科学的に、あるいはデータを積み重ねることで明らかにしたい。現象として、事実上死んでしまうんだ、ということを示さなければいけないと思っています。

そのうえで、人が生きるためのコミュニケーションとは何か、人が生きていくうえで必要最小限のコミュニケーションのエッセンスは何かを突き詰めたい。最低限、他者と自分がこの世に存在するんだということを実感できるような何かがあると思うんです。それを実感できない人は、引きこもったり、自殺したりする。そうならなくて済む、なんとかそこそこやっていけるところはどこにあるか。膨大なくだらない言葉のやり取りでも、インターネットの情報でもないと思うんですよ。それは何なのかを探りたい。それを探るうえで、障害者の視点が役に立つかもしれないなと思っています。

障害は周囲の環境との問題

近年、「障害も個性のひとつ」という表現をよく目にします。こうした表現については、どう思われますか?

障害を個性だというのは、ひとつの言葉の綾として、差別意識を横にずらす効果はあると思うんですよね。ですが、たとえば男女の問題で考えたとき、女性であるが故に抱えているさまざまな肉体的ハンディや、運動能力での男性との違いを指して、「それはあなたの個性ですよ」とは言わないですよね。

個性というのは、特定の個人だけが備えているパーソナリティの集合体。ですから、肉体的・精神的な条件に関して、たまたま社会との関係の中で生じている状態である「障害」を、本来個性とは言わないと思うんですよ。ですから、私は障害に対して個性という言葉は使いません。誤解を招きかねないし、問題を矮小化するからです。障害の問題は、個性ではなく、周囲の環境との問題なのです。

「障害者」という呼び方については、どのようにお考えでしょうか。

私は、今はとりあえず、「障害者」という言葉で呼んでいます。ですが、「障害者」という漢字の表記はおかしいんじゃないか、という意見を聞くこともあります。邪魔者というか、障害物レースみたいじゃないかと言うんですね。それで、ひらがなにしようといった考え方があります。

しかし、私はそういう議論には賛成できません。実際に、周囲や社会との関係の中で障害を経験させられている人がいるわけです。「障害者」という呼び方が失礼ではないかと感じるのは、障害を、周囲との関係ではなく、その人間個人の中に閉じ込めて考えてしまっている発想の裏返しなんですよ。

たとえば、犯罪による被害を被った人を「犯罪被害者」といいますよね？　ですが、「被害者という表現はひどいから、表記をひらがなにしよう」などという人はたぶんいない。なぜなら、犯罪被害は存在するからです。犯罪被害者というのは、その人の中に犯罪被害がしみ込んでいるのではなく、その人と周囲との関係の中で「犯罪被害」という事態が生じてしまっていることなんです。

障害者の場合はどうでしょうか。私が見えない、聞こえないのは事実ですが、それを障害という概念で置き換えることは、本当はおかしいんですよね。障害というものは、見えない、聞こえないために社会の中でうまく行動できなかったり、コミュニケーションが取れなかったり、移動できなかったりしたときにはじめて生じるんです。

近眼の人など、裸眼の視力が非常に弱い人は、そのままだと視覚障害ですが、眼鏡をかければ普通の生活ができますよね。眼鏡という社会的生産物によって、障害の状態ではなくなっているからです。眼鏡があるかないかというのは社会的な産物ですから、障害者の問題も、それと似たようなことです。

ですから私は、障害者という言葉は当分、使わざるをえないだろうと考えています。そして将来、障害という概念がなくなってきたら、自然に使わなくなっていくだろうと思うんですね。

この先、時代がいくら進んでも、身体のどこかが不自由だという人は必ず存在すると思います。完全無欠のアンドロイドのような人間が出てくる時代は、おそらく来ないだろうと。ですが、どんな状況になっても、そういう人たちがどうすれば生きていけるかという、社会環境やシステム、いろいろな道具や相互関係の中での実態は、さっきの眼鏡のように時代とともに変わっていくはずです。眼鏡をかけている人を視覚障害者と呼ばなくなったのと同じように、いずれ障害者という呼び名もなくなってくるでしょう。相当な時間がかかると思いますが、私は、そんな世の中を目指していきたいと思っています。

健常者は、障害をもっている方とどのように付き合っていけばいいでしょうか。たとえば、目が見えない人がいたときにどう対応すればいいいか、悩むことがあります。

それは、その人に直接、聞けばいいんです。「何か今、困っていますか?」「何か手伝いましょうか」とね。その人がしてほしいことは、状況によって違います。同じ人でも、手伝ってほしいなぁと思っているときもあれば、いや、自分でやるんだ、と思っているときもあるでしょうから、まずは声をかければいいんですよね。

相手に障害があってもなくても同じですよね。大きな荷物を持って階段を上ろうとしている人を見て「大変そうだな」と思ったり、困っていそうなお年寄りを見かけたりすると、「手伝いますよ」と声をかけたりしますよね。それと同じで、障害があるからといって気にすることはないです。

ここの学生もそうですが、「障害者にはどのように対応したらいいですか?」と、マニュアルを求める人が多いんですよね。正しく振る舞うにはどうすればいいかを気にするんです。「間違った言動をしてはダメだ」という発想があるのかもしれないですね。

そんなとき私は、「マニュアルはありません。マニュアルは、そのとき、あなたがつくるんだ」と言います。その瞬間、相手との関係性の中で、その一回限りのマニュアルをつくるということです。それしかないし、それこそがおそらく、人間のコミュニケーションの本来の姿なんだと思います。

苦労を抱える中で、「研究」という立ち位置に自分を置くと、なぜか楽になります。実際に、そういう方が少なからずいるのです。困難を研究対象にしてみようという声かけをした瞬間に楽になるのです。

客観視することで困難を克服する

環境との連携

熊谷 晋一郎

Shinichiro Kumagaya

熊谷晋一郎

准教授、博士(学術)

2001年 東京大学医学部医学科卒業。千葉西総合病院小児科、埼玉医科大学病院小児心臓科病棟助手などを経て、2009年 東京大学先端科学技術研究センター特任講師、2015年より現職。

著書:『つながりの作法』(NHK出版生活人新書、2010)、『リハビリの夜』(医学書院、2009)など。

目に見えない障害を考える「当事者研究」は、自分と周囲を知り、
それを仲間と共有することで、自分と社会との真の関係が生み出されるという。
自らを責め、他人を責め、その堂々めぐりで苦しむ人たちが
当事者研究に参加すると楽になるのは、なぜなのだろうか。

障害の捉え方と社会支援の移り変わり

熊谷先生は、脳性麻痺で手足が不自由ながら、東大の医学部を卒業され、現在は「当事者研究」の研究者であるとともに小児科医でもいらっしゃいます。どのようにして進路を決定してこられたのか、これまでの道のりをお聞かせください。

私は、生まれつき脳性麻痺という障害をもっています。生後三日目くらいに高熱を出し、救命救急室に運ばれました。おそらく髄膜炎だったと思うのですが、それで脳性麻痺を患ったのです。

私が生まれた一九七七年当時、脳性麻痺の子どもが生まれると、もっぱら、健常者の体に少しでも近づけるためのリハビリが行われていました。そういう時代だったので、私も小さいころか

らずっと、健常者に近づくためのトレーニングを続けてきたのです。それで治ればいいのだけれど、世の中には、一生懸命に努力してもなかなか健常者に近づかない障害がたくさんあります。脳性麻痺も、八〇年代ぐらいからは、リハビリの効果がそれほどないことが科学的にわかってきました。

ですから、「科学が人の一生を左右する」と痛感したことが私の原体験です。七〇年代の幼少期は、科学者や医者の言うことは正しいはずだと誰もが信じ、家族が一丸となって治そうとしていたけれど、八〇年代になると、手のひらを返したように「違う」と。運がよかったのは、当事者運動というのがちょうど八〇年代頃に盛んになったことです。今日でいう「社会モデル」という考え方ですね。

「社会モデル」とは、障害者の体は治さなくてもよく、むしろその障害者にあったバリアフリーの社会環境を整えればそれで事足りる、社会の側に原因があるという考え方です。そうした考え方に触れたことで、私自身、まさに目からうろこが落ちたというか、ようやく次の展望が開けた思いでした。そして、親と一緒に暮らしてリハビリばかり受け続けるのではなく、この障害のある体のままで社会に飛び込んでみたいと思うようになりました。社会がどれほどの場所なのか、生の社会を知りたくて、ある種、実験的に一人暮らしを熱望したのです。一七〜一八歳の頃ですね。

親は猛反対し、一緒に暮らすと言って聞かなかったのですが、私は子ども心に、親亡き後、自分で暮らしていけるのかが心配でした。ですから、若いうちに一人暮らしをしておきたかったんです。

とはいえ、当時は支援などの情報もなく、制度も社会基盤も現在のようには整っていません。実家のある山口県では一人暮らしを実現できず、東京に出ることにしたのです。同級生の支援を受けて、一人暮らしを始めることができました。上京してから気付いたのですが、顔見知りの多い山口とは違い、東京は人が多いので、見ず知らずの人にも気軽にものを頼むことができます。その点が、とても気が楽でした。

具体的には、どのような形で支援を受けていたのですか？

一人暮らしを始めたのは一九九五年ですが、当時はまだまだ今ほど支援が整っていませんでした。週に一回だけホームヘルパーさんが来て、掃除と洗濯と買い出しをしてくれるだけだったんです。それ以外の介助は、すべて同級生がボランティアで入ってくれました。お金を払う制度もほとんどなかったので、善意で、四六時中入り浸っているというか。うちの米びつの米が勝手になくなって（笑）。一升瓶を持って、これを差し入れにするから、米を食わしてくれと。じゃあ、米を食わしてやる代わりに介助をしてくれという感じで、物々交換で同級生が常に家にいるという感じでした。それは実はいい関係で、今でもすごく懐かしいです。

そのやり方が続かないなと思ったのは、仕事を始めてからです。善意の関係は、どうしても責任が薄いです。職場に行かなきゃいけない、朝の身支度をしなきゃいけないというときに、「ごめん、今日は行けない」とその朝に連絡がくる。そうなると私の社会生活は土台から崩れていくわけです。善意には居心地のよさがありますが、社会関係の中に入るには、もう少し基盤を厚くする必要がある。それに気付いたのが、大学を卒業した頃でした。

タイミングのいいことに、その時期、だんだんと社会制度が整ってきました。今ではさらに支援体制が整い、黙ってアパートで待っていれば、決まった時刻にヘルパーさんが来て、ひと通りやってくれて帰っていきます。楽ではありますが、一方で、支援に囲い込まれているような感じもします。

昔のように、互いの素性がわかっている人と支え合うのではなく、フレンドリーではあるけれど匿名でのっぺりとした支援に支えられているような感じです。それは、便利だけどちょっと空恐ろしい気もします。震災などの災害が起きたとき、そういう制度の脆弱さが表面化するのではないでしょうか。これまでシステマティックに来てくれていた介助者が、地震のときは来られないというように。昔のように非公式な関係性というか、同級生がいつもサポートに入っていたような時代であれば、東日本大震災が起きたときにも、きっと誰かが駆けつけてくれるだろうと思うんですよね。

社会と個人の関係に引きつけて考えると、一見、支援が整い、すごく優しくされているけれど、その支援がまさに障害者をそれ以外の人々や社会から切り離す原因になっているのではないでしょうか。そう感じることが多いですね。

「見える障害」と「見えない障害」

大学で、医学部を選んだ理由は何だったのですか？

昔から数学が大好きで、中学時代には、将来は数学者になりたいという夢を抱いていました。小学校から高校まで、学校への送り迎えから授業中のサポートまですべてを母親がしてくれていたので、他の世界を知りませんでした。世間知らずのまま、親に包まれた状態で、ひたすら数学を解いていたんですね。数式と戯れるのが唯一の自由でいられる世界というか、遊園地のような感じだったんです。

東大の場合、最初は教養学部に入り、二年次の途中で志望学部を決めます。はじめは数学科を目指していましたが、一人暮らしを始めて生の社会と初めて触れ合い、飲み歩いたりふざけたりすることの楽しさを覚え、数学をさぼるようになったんです。大切な先輩や、いろんな障害をもつ方々にも出会い、数式の世界から人や社会に徐々に関心が移っていったんですね。数学科を目指している同級生と話しているうちに、やはり違いを感じ、数学に挫折したのも医学部を志望した理由の一つです。

当初は、臨床家にはなれないだろうと思っていたんです。それで研究を志しました。人間を知りたいと思ったのですが、とくに私のように、体の違いが一目でわかる「見える障害」だけではなく、聴覚障害や発達障害のように、外見ではわからない「見えない障害」もあり、障害でもバリエーションがあることを知り、そこに関心をもつようになりました。

大学一、二年のとき、耳の聞こえない人と一緒に活動していたんです。彼らと話していると、ときおり、言うことが私と正反対になるときがあるんですね。たとえば私が、「インクリュージョンといって、社会の中で、障害のある人もない人も対等に、一緒に過ごすのが大事なんだ」と言うと、聞こえない人は逆に、「いや、無理やり同じ社会で生かされることの苦しさをわかっていない」と言うんです。

なぜこうした違いが生じるのかと疑問に思い、いろいろ話をしているうちに、外から見える障害と、見えない障害では、世間から逆向きの圧力が働くことに気付きました。見えやすい障害には排除の圧力が働き、外から見えない障害は違いを過小評価され、同調のほうに圧力が働く。その反作用として、主張も逆になることがあるのです。

「違うのだ。一緒にしてくれるな」という主張と、「一緒にしなさい」という主張ですね。どちらも等身大の違いを認めろという点で同じですが、是正を求める反作用としては主張が正反対になる。こういうことが世の中にはあるんだということを知り、目からうろこが落ちました。衝撃を受けたと言ってもいいくらいです。

私のような障害をもっていると、車いすの人だけで暮らす社会など想定不可能なんです。車いすの人だけでは生命を維持することができませんから、少なくとも介助者という、車いすでない人が必要です。ですから、私のように可視化されていて、なおかつ重たい障害の場合は、同じ身体的な特徴や、同じ経験をもつ人だけで社会をつくるなんてことはありえない。最初からそういった排他的なコミュニティは構想されていないんです。

ところが、私が一緒に活動していた耳の聞こえない人たちの世界観は、「私たちは、手話という、健聴者の音声言語とは異なる言語をもった、独自のコミュニティの住人なのだ」というもので、その排他性が私にとってはすごく新鮮でした。過剰な同調圧力に対しては、ある程度の排他性は必要不可欠だということを学びました。

世の中にはたくさんそういう例があるんだろうな、同調圧力にさらされている人たちがいるだろうな、そうした人のレパートリーみたいなものを知ってみたいというのが、医学部を志した最初のモチベーションです。

「治療モデル」「社会モデル」から当事者研究へ

「見える障害」と「見えない障害」の間に違いがあることがわかってきたことで、障害に対す

る社会的な認識や制度などは変化しているのでしょうか。

私の整理ですと、大きく分けて、治療、運動、研究という三段階の歴史的変遷があります。最初の段階は、いわゆる「治療モデル」です。とにかくみんなが健常者になれば解決するじゃないかという、究極の同調圧力ですね。そういう時代がまずありました。

それだけでは解決しないことに気付きはじめたのが、七〇年代、八〇年代くらいです。社会の側を直すんだという「社会モデル」ですね。この二つ目の「社会モデル」は、どちらかというと、いわゆる当事者が立ち上がり、運動として始めたものです。

三つ目が「当事者研究」です。「社会モデル」は、見えやすい障害の人が中心になってきました。可視化されている障害の人は、自分が抱えているニーズが自明なので、残る作業は社会への要求だけで済んでいたんです。しかし、当事者の中には自分のニーズをつかめていない人も少なからずいます。「社会モデル」では、そういう人たちが置いてけぼりにされてしまった。そういう中から、「当事者研究」が生まれてきたのかなと理解しています。非常に今、広がりつつある実践です。

実践でありながら、「研究」という言葉がついているのはなぜかというと、治療でも運動でもなく、研究という立ち位置を持つことが、見えにくい障害を持つ人々にとっては重要だからです。苦労を抱える中で、研究という立ち位置に自分を置くと、なぜか楽になります。実際に、そういう方が少なからずいるのです。それまでは自分を責めたり、他人を責めたりして、堂々めぐりで苦しんできた人たちが、その困難を研究対象にしてみようという声かけをした瞬間に楽になる。あたかも他人事のように自分の苦労をとらえられるようになるというのでしょうか。

当事者研究に参加するとなぜ楽になるのか、を解明することも大きな課題の一つです。いろいろな解釈が可能ですが、一つには、「許される」という意識かもしれません。ある人は、自宅に火をつけてしまった。周りから責められ、自分でも責めてしまいます。そんな中、当事者研究をやってみようと誘われて、火をつけてしまう自分を客観視する。価値判断で裁くのではなく、「なぜ火をつけるのか」というメカニズムとしてとらえていきます。ある種の免責というのでしょうか、価値判断を保留するような立ち位置に当事者を連れ出すというのが、「研究」という言葉に込められたメッセージではないかと思います。

当事者研究とその課題

当事者研究には、科学的な裏付けがあるのでしょうか。それとも心理療法的なものなのでしょうか。科学の場合は、目的と方法があります。当事者研究は、方法論のようにも思えるのですが。

当事者研究には二つの側面があると思います。一つは、参加することで何か楽になるというセラピューティック（治療的）な側面です。これに関しては、ちょうど今、臨床研究が始まっています。「科学の研究とは違って、当事者それぞれが個別の悩みごとを抱えているのだから、その悩みごとに応じた研究方法を本人が見出すべきだ。当事者研究の方法論を確立してしまうと、大事なエッセンスを台無しにしてしまう」という批判もあり、非常に難しい作業なのですが、まず試しにプログラム化して治療的側面のエビデンス（科学的根拠）を得ようとしているところです。

もう一つは、科学のプロセスのさまざまな場所に深く影響を与えうるという側面です。当事者研究が、独立した科学的方法を備えた実践であるとは、少なくとも現時点では言えません。しかし、たとえば当事者研究から出てきた魅力的な仮説の数々は、従来の科学の方法論で検証することができます。今後当事者研究が、独立した方法論を備えた科学として位置づけられるかどうか、まだわかりませんが、少なくとも現時点で科学に影響を与える実践にはなりえているだろうし、影響の与え方もこれからさらに整備できると思います。

科学的に考えると、客観性が重要になりますね。当事者研究では、当事者本人から離れて見た客観というものは、どのように存在しうるのでしょうか。他人との共通項を比較するのでしょうか。

当事者研究において探究の対象になるのは、自分という存在ですが、自分の視点だけでは、自分について十分に知ることはできません。そこで、共同生活をしているなど、自分のことをよく見ている人との共同研究が重要になってきます。また、同じ場面を共有していても、認知の特性や経験内容が異なると、観測内容も異なってきますので、ある程度自分と似通った仲間との研究も不可欠です。科学における手続き化された客観性とは異なりますが、当事者研究では、主観の数を増やし、すり合わせることで、客観的な自己理解を目指していきます。

また、学術論文や先行研究を使うこともあります。たとえば自閉症の場合、先行研究のなかに「自閉症というのはこういうものだ」という定式があります。それを当事者の方と一緒に読んでいくと、「これは外側から見た記述にすぎない」「当事者として実際に経験していることは、そうではなくてこういうことなんだ」などの意見が出てきます。そうすることで通説が相対化されたり、実験手法の妥当性が問い直されたりすることもあります。

科学哲学者のサンドラ・ハーディングは、従来、科学コミュニティから排除されてきた女性やマイノリティが参加することで、科学は強い客観性（strong objectivity）を獲得するだろうと主張しています。

当事者研究では、自分の持っている情報を正しく更新し続けていくという意味で、「真理」という言葉が使われますね。その中で、Coherence（内的整合性）、Correspondence（現実対応性）、Consensus（合意性）、Cost-benefit（有用性）という「四つのC」を指標にするという切り口で、

科学としての当事者研究を探究しようとなさっています。

真理とはどのような条件を備えた知識なのか、という難しい問題について、長いこと哲学的な議論がなされてきました。四つのCとは、これまでに提案されてきた、真理が満たすべき四条件です。

Correspondence 条件は、「現実に対応している知識が、真理である」というものです。科学者が観測や実験を行うことで真理を探究する背景には、この条件の存在があります。しかし、これには問題があります。現実をあらかじめ知っていなければ、真理の判定ができないことになってしまうからです。

そこで、その対案として残り三つの条件が主張されました。Coherence 条件は、「これまで蓄積してきた知識体系と整合的な知識が、真理である」というもので、Consensus 条件は「他者と合意に至った知識が、真理である」というもの、Cost-benefit 条件は「目的を達成するのに役に立つ知識が、真理である」というものです。

私は、この「四つのC」は、科学としての目安だけでなく、回復の目安でもありうるのではないかと考えています。まだ着想段階ですが、どんな障害であれ、この四つのCが乱れたときに、どうも具合が悪くなるという仮説を立てているんです。それをゆっくり検証していくつもりです。

真理条件の破綻の観点から、精神的な不調を説明しようという試みは、すでに自伝的記憶研究で有名な研究者のマーティン・コンウェイという人が提唱しています。自伝的記憶というのは、過去の個人的な出来事に関する記憶の全体のことです。心理士でありカウンセラーでもあるコンウェイは、人間は、自伝的記憶を構築したり、編集したり、想起したりするときに、Consensus（合意性）以外の「三つのC」に縛られるというモデルを提案しました。彼は、三つのCのうちのどれかが満たされなくなった状態として、さまざまな精神病理を説明しようとしたのです。

私は、当事者研究が持つセラピューティック（治療的）な効果を検証する臨床研究の枠組みの中で、この四つの指標を用いて、その人の自伝的記憶、つまり語りの内容を分析しています。当事者研究という実践を研究対象として、より高い位置からメタ的に解析していくことが、当面の短期的な目標です。

長期的には、当事者研究が科学と協働していくためのプラットフォームを作っていきたいと思っています。そのために、現在、科学哲学分野の研究者たちと一緒に研究会を開いています。近代科学の中で確立されてきた方法や枠組みを絶対視せず、本当にこの方法しかないのか、そこに限界はないのかを吟味することが、当事者研究と科学の協働を実現するうえでは重要だろうと考えているからです。

研究テーマにしておられる大人の発達障害をはじめ、いろいろな障害に関心がもたれるようになっています。四つのCを一つの基準にするというのは、評価手法としても非常にいいですね。

「社会モデル」以降、価値が相対化され、どこを目指して治療するのか、どこを目指して支援するのか、見失われがちです。障害者を健常者に近づけるというかつての目標は失われ、代わりに何を目標にするのかといったときに、それを言える人がおらず、いろいろな価値観があるよね、ということで終わってしまいがちです。

「四つのC」は、もしかしたら一つの基軸になるのではないかと思っています。たとえば、薬物治療の羅針盤として四つのCが使えるかもしれません。幻覚妄想を完全に消すことを目標に、薬を投与されすぎると、当事者研究しようにものが考えられなくなってしまい、かえって生きづらくなるということは起きうることです。

幻覚妄想の有無ではなく、四つのCが失われているかどうかを羅針盤にして、薬物の調整を行うことはできないだろうかと考えています。健常者に近づけることを目指していると、ついつい薬が増えてしまうのです。

今後、当事者研究はどのように進んでいくのでしょうか。

私が絶対にやらなければならないと思っている柱は三つあります。一つめは、臨床研究です。当事者研究に参加した人が、前後でどう変わるのかという研究ですね。これについては、早々に準備を始めているところです。二つめは、当事者研究の中で語られた内容から仮説を抽出するという方法の整備です。これまで恣意的に行ってきた仮説抽出のプロセスを洗練していかなければならないと考えています。三つめは、抽出された仮説を、実験を通じて検証していくことで、当事者研究と科学技術とをつなぐプラットフォームの構築です。

当事者研究は、一人ではなく、密に関係性のある誰かと一緒に行うことが基本です。「あなた、こうなっていたよ」「こう見えたけど」という、外部観測的な視点をとり入れなければ、Consensus（合意性）の条件が満たされない。自分のことは自分にしかわからない。自分のことは自分が一番よく知っている――これは七〇年代以降の当事者運動のメッセージでした。しかし当事者研究では、「自分のことは自分にもよくわからない」という面を強調します。だからこそ、自分が研究対象となるわけです。

さらに、当事者研究の成果が書籍になるなどして、当事者が書いたものが別の当事者の目に触れるような機会が増えていくと、それに従って役立つ場面も広がってくると思います。

たとえば、外来での診察のとき、それまでは押し黙って、「きつい、死にたい」としか言えずに薬が増えていくばかりだった当事者が、当事者研究を知り、ピンときた言葉や表現を引用することで、自分のしんどさを主治医に表現できるようになる。主治医の側も当事者研究にしっかりと目配りしていれば、自分の中に当事者に通じる語彙の辞書ができる。当事者研究の中でこういう言葉づかいをしている現象は、専門的な語彙で言うとこれに近いという対応辞書ができるようになれば、診察のクオリティが上がるのです。実際、そういう文脈で当事者研究をとり入れているドクターも増えてきています。

このように、現時点では科学とまではいえなくても、当事者と専門家が共有する語彙や概念をつくる作業というところでは、すでにかなり役立ちはじめていると思います。

インタビューなどで、「自立とは、依存先を増やすことである」ともおっしゃられていますね。ビジネスの第一線で働き、何かに依存しなくてもバリバリやっていけそうな人たちの間でも、共感を呼んでいるようです。障害の有無にかかわらず、自分自身を研究対象として見ることで救われる、免責するという効果は、いろいろな場面で役に立つように思います。

「依存症になる人は、実は自立心が旺盛だ」という内容の当事者研究があるんです。幼い頃から虐待を受けるなど、つらい目に合わされてきた人は、人に依存することができなくなってしまう。その代わりに、物質に依存するほかなかった、それこそが依存症だ、という研究です。依存症者にとっての自立のイメージは、文字どおり、依存しないこと(in-dependence)になっているというわけですね。しかし、人は誰でも、たくさんのものや人に依存しなければ、生きてはいけない弱い存在です。

依存症の当事者研究では、依存症から回復するには、依存している薬物を奪うのではなく、薬物以外に依存できるものを増やすのが先だと言われます。そうしないと結局、薬物も止められないというんです。この視点はとても普遍性が高いと感じ、広く紹介してきました。

私のような障害者にも、同じようなところがあります。建物であれ、公共交通機関であれ、さまざまな道具であれ、社会制度や法律であれ、経験を表現し共有するための言語であれ、そのデザインは健常者向けにできていることが圧倒的に多く、ゆえに健常者は非常に多くのものに依存できています。そのような依存先の多い状態（multi-dependence）こそが、自立と呼ぶにふさわしいのではないか、というのが私の問題提起です。逆に、障害者は依存先が少ない状況に置かれ続けます。

研究的な態度による免責の効果も、普遍的な現象だと思います。当事者研究で自分のことを見つめる際、二つのスタイルがあります。自己嫌悪に陥って、ぐるぐると考えてしまうことを「ルミネーション（反芻）」といいます。それに対し、自分自身を分析的に、知的対象として振り返ることを「リフレクション（省察）」といいます。

語られた内容をもとに、ルミネーションとリフレクションの度合いをはかっていく研究があるのですが、リフレクション傾向が高いほうが、本人のＱＯＬ（クオリティー・オブ・ライフ＝生活の質）は上がるといわれています。一方のルミネーションのほうは、ＱＯＬの低下と関連しています。ルミネーションの回路を切りたくて、自傷行為や依存症になっている人も結構多いようです。

当事者研究のファシリテーションで注意するポイントの一つもそこなのです。なるべくルミネーションではなくてリフレクションになるような促し方っていうんでしょうか、それを工夫します。

よく外在化と表現しますが、ホワイトボードを使って、そこに当事者の人のイラストを描いたりして、三項関係をつくります。ファシリテーターと当事者と、ホワイトボードに書かれた当事者っていう、三人が出てくるんです。普通のコアカウンセリングみたいに一対一の二項関係じゃなくて、ホワイトボードを三項目として、この人って言い方をします。自分のことなんだけれども、自分を客体化するんですね。

そのようにして、三人で三角形を作っているように意識することが、ファシリテーションの中ではかなり通奏低音として働いています。ルミネーションは、はやり一体化しているのです。自分を責める自分というのは、猜疑的に責めているので、それを外に出す、外在化するというのが基本的なテクニックの一つなのだと思います。

社会の変化が起こす障害

それと、これもよく聞かれることかもしれないんですけれども、最近は発達障害が増えているという話がありますよね。その原因をどのように考えておられますか。

数年前の *Nature* の特集記事によると、なぜこんなに発達障害が急増しているのかというのが世界中でいろいろ調べられているのですが、多くの人は実数としてインペアメント（機能障害）が増えているとはあまり考えていないようです。つまり昔からこれぐらいの実数があったのだけれども、かつては社会のルールが違ったので適応ができていたということです。

たとえばひたすら黙々と働く人とか、気は利かないけれども言われたことはちゃんとする人という形で社会にインクルージョンされていたけれども、社会の側の前提条件が変わってしまったために、ある種の不適応を起こしてしまった一群の人がいて、それがこの増加を説明するんじゃないかという考えが主流なのだと思います。

ただ、それがどういう変化なのかということは、まだ十分に検討できていないようです。おそらくサービス産業が経済の中心になった、といったことに関連する社会の就労条件の変化が背景にあると思うんですけど、そういうことはこれからちゃんと調べなければならないことです。

社会が複雑化する一方で、情報過多になってきて、取捨選択をうまくできなくて、インテグレーションがなかなか難しくなってくるわけですよね。そういう状況に社会は制限をかけなくていいのかは気になるところです。もちろん、新人類みたいな形ですごいのが出てきて、そういう状況にアダプトする人たちが出るかもしれないですけどね。

発達障害に関して言うと、一部の成功者も同じラベリングを与えられがちな傾向があります。マーク・ザッカーバーグとかビル・ゲイツとか、そういう人も発達障害じゃないかと言われていたりします。中間層以外はみんな発達障害じゃないかって言いがちな、ある種の傾向があります。それはやっぱり今の発達障害の概念がすごく都合のいいものになって、ある種ノーマルでない人は上であっても、下であっても、みんな括れる概念になってしまっている。変わり者ぐらいの概念になっているので、もう少し整備しないと、多分、ラベリングばかり増えていくことになるだろうなと思います。

小児科医としてのバックグラウンドを活かした研究も進めていかれるのですか。

そうですね。小児科医としての仕事も、ずっと続けていくだろうと思います。今のところ、当事者研究の対象は大人が中心ですが、特別支援学級での当事者研究も、学校の先生の協力を得つつ徐々に始めています。小児科領域の子どもたちにも、当事者研究を徐々に広げていきたいですね。大学生による当事者研究のグループもできてきていますから、特定の障害に限定することなく、すそ野を広げていけたらと考えています。

小児科は、子ども時代に視野を限定するのではなく、長期的な未来を見据えて子ども時代に支援の方向を考える必要があります。私自身の障害児としての経験を振り返ってみても、同じ障害を持つ先輩にもっと早く出会っていたら、ずいぶんと希望が持てたのではないかと思います。そういう意味では、成人を対象に行ってきた当事者研究を、小児科領域に還元することには、極めて重要な意味があると感じます。

高齢化が進み、都市も成熟化していく中で、「この地域に住んでいてよかった」と思えるまちをどうやってつくっていくか。それぞれの人のニーズにうまく合わせられるようなまちづくりを、いろんな人の声を聞きながら住民参加型で進めることを大切にしています。

個性と歴史が織りなすまちづくり

連携とリプロデュース

西村 幸夫

Yukio Nishimura

西村幸夫

東京大学大学院工学系研究科教授、工学博士

1977 年 東京大学工学部都市工学科卒業。1982 年 明治大学工学部建築学科助手。1988 年 東京大学工学部都市工学科助教授、1996 年 同教授。2008 年 東京大学先端科学技術研究センター教授、2013 年 同所長。2016 年より現職。

著著：『都市保全計画』（東京大学出版会、2004）、『図説都市空間の構想力』（共著、学芸出版社、2015）など。

都市開発は権力と親密だ。関係者は権力を行使できるため、ある意味、居心地がいい。しかし、力ずくでまちの記憶を消し去った場所で、住民は豊かに暮らせるのだろうか。欧米をロールモデルに突き進む都市計画全盛の時代に逆行し、現状を生かしながら再生させる「都市保全」を体系化させた天邪鬼《あまのじゃく》な情熱に迫る。

都市工学がご専門ですが、なぜこの道に進もうと思われたのですか。これまでの経緯を簡単に教えてください。

学生時代から、理科系と文科系の両方にずっと関心があったんです。高校時代は哲学少年。文化や歴史に関心がある一方で、数学も好きだったので、本来ならば文科系の人間のはずなのに理科系に進んだんですよ。東京大学は入学後に進路を選べるので、理科系の中でも社会や文化に最も近い、都市計画の分野に決めました。

当時は高度成長期の最中で、一キロでも長く標準的な道路をつくるとか、住宅難を解消するためにたくさんアパートを建てるとか、そういうことに一所懸命な時代でした。われわれの前の世代までは実際に都市をつくっていましたが、大きなものをつくるより、今あるものを生かそうという時代がようやく始まるところで、私自身もそうした都市計画をやりたいと思いました。

そこで、最も信頼できる先生に就こうと考え、大谷幸夫先生に師事したのです。大谷先生は都市デザインが専門で、国立京都国際会館[1]を設計された方です。建築家の丹下健三氏の後継者としても知られています。

私は旅行も好きなので、いろんなまちを見て、それぞれのまちの魅力を引き出すような都市計画を志しました。そうした「個性を大事にする」とか「歴史を大切にする」という考え方は、当時はまだ少数派でした。

声なき者に耳を傾ける

西村先生は、弱者の視点や、女性、高齢者の立場からものを見て、まちづくりをしておられます。その姿勢は、学生時代から培われていたのですね。ご著書でも、「声なき者に耳を傾ける」という大谷先生の教えを紹介していらっしゃいます。

都市計画という分野は、いろんなものを規制していくわけです。たとえば、ここを広場にするとか、ここに道路をつくるとか、ここに公共施設をつくるとか、高さはこれくらいにしなさいとか。そういう意味で、非常に権力に近いところにあります。権力と一緒にやっていると、いろんな人と関わり合って居心地がいいわけですよね。

でも、私は個人的に、それでいいのか？と疑問に思っていたんです。そのとき、大谷先生が、「強い者のための都市計画なら、いろんな人がいろんなところでやっているし、お金や力を使えばどんな技術でも実現しうる。しかし、大学でするべきことは、それだけではないんじゃないか？　なかなか声が出なかったり、かたちにならなかったりするような人の声に耳を傾けることこそ、大学にいる人間の役割じゃないか」と言われて、私自身も共感しました。

大きな道を造って大きな建物を建てると、そこに暮らしていた人たちは、どこか別の場所へ行くわけです。だから、そのまちの記憶というものがなくなってしまいます。そうした記憶を全部なくして、再開発の立派なものばかり造っていいのかというそもそもの疑問もありました。大学にいて仕事をするからには、もう少し弱者の視点というか、声なき声みたいなところにきちんと耳を傾けるような仕事をしたいと思っていたんです。そんな考え方も、当時は少数派だったと思います。

その後、大学教員になり、一九八八年から九〇年まではタイのバンコクにあるアジア工科大学でも教えました。行ってみてすごくよかったと思うのは、今までとは違うものの見方ができたことです。われわれの受けてきた教育は、欧米を手本として、日本はどう進んでいくかという、先

1　日本の国際会議施設の一つ。京都府京都市左京区岩倉に所在し、宝が池公園に隣接する。日本人建築家・大谷幸夫の設計による代表作である。

頭集団を見習おうというものでしたから。

しかし、都市を考えるということは、そこに住んでいる人たちのことを考えるということです。先進国だけに人が住んでいるわけじゃない。さまざまな問題を抱えた、ある意味でものすごく大きく変化しているアジアの途上国もあるわけです。国際機関がつくった大学でしたから、私も一六ヵ国もの国々の学生の論文指導をやりました。ダッカに行ったりカトマンズに行ったり、それぞれの地域の学生が取り組んでいる現場にも行きました。そして、その都度、いろいろ考えさせられました。

タイに行く前は、日本は欧米に比べて遅れているから、日本をもっと良くしないといけないんだ、そのことが大事なんだ、そのためにもそれぞれの都市で頑張るんだというふうに思っていましたが、日本へ帰るころには考えがすっかり変わっていました。

日本は、アジアの途上国に比べるとはるかに進んだところにいます。でも、それを日本だけがさらに前進していくという考え方では良くないのではないか。日本もアジアの一部なのだから、同じアジアの人間として、日本も含めてアジアのまちづくりをしたい、そう思うようになったんです。権力の側に身を置くよりも、弱いところに身を置きたいという気持ちが常にあるのかなと自分で思います。天邪鬼なのかもしれないいんですが。

まちづくりや都市計画をする際、どのようなコンセプトに基づいて取り組んでおられるのです

か？

最先端の大都市をつくるのではなく、中小規模の都市や、あまり元気のない所を応援するようにしてきました。これからは高齢化が進み、都市も成熟化していきます。その中で、人々がどう生きていくのか、どんな暮らしのイメージをつくるのか、「この地域に住んでいてよかった」と思えるまちをどうやってつくっていくか。地に足が着き、規模も大きくない、それぞれの人のニーズにうまく合わせられるようなまちづくりを、いろんな人の声を聞きながら住民参加型で進めることを大切にしています。

そして、新しいものをつくるよりも、今あるものをいかに再発見していくか。そのために、今ある資産をどのように生かしていくか。そのためのプロセスはどうあるべきかという細かいことを考え続けています。

物事の考え方には、演繹的と帰納的とがありますが、われわれの分野は演繹的には考えられないのです。都市は一つひとつが違っていて、現場に入るとその違いに魅了されてしまうんです。しかし、それでは毎回違うことをしてしまうので筋が通らず、体系化ができません。ところが、よく見ていくと、共通する部分が帰納的に見えてくるのです。ようやく今、どのように都市を見れば、個性が宿る場所や個性の質が見えてくるのかということがわかってきたところです。

よく、比喩的に「都市は生きている」といいます。実際、生命体のように、ある機能を展開しながら有機的に育ってきているんですね。地図上では同じように見えても、たとえば地形的に坂道があるかどうかで、実際に行くと感じがまったく違います。その坂道がいろんなものを規定していて、有機的な成長を遂げた所は坂道が曲がっている。そのほうが安定しているんでしょうね。そうした複雑な坂道が何重にも連なって都市ができあがっていて、それが坂の上と坂の下をうまく結び付け、また切り離しているんです。

こうしたことは、行ってみて初めてわかることですから、地図だけを見ても実感できないんですね。実際に現場に行って、自分で見て、実感することが非常に大切なんですよ。

都市の見方を科学にする

都市という複雑な世界を、はじめてサイエンスの世界というか定量世界に持ち込んだわけですね。ご著書の『都市保全計画』（東京大学出版会、二〇〇四）は、その体系化を考えた一つの成果といえるのでしょうか。

「都市開発」をするための技術体系は従来からあります。しかし、そういう技術的な体系とは違うことをしようとしているので、方法論がなかった。一方で、大学でこういう名前の講義をやっていたので、とにかくまず最初に教科書を作るつもりだったんです。そういうなかで、一個一個の事例を積み重ねながら探っていくうちに、自分なりに徐々にそのかたちが見えてきました。『都市保全計画』は、こうしたものを初めて体系化しようとしたものなのです。

　ところが書いていくうちに、内容がどんどん広がっていってしまいました。これではちょっと教科書にならないということになったんですけれども、編集者と話をして、こういう本はないので、せっかくだったら私が必要だと思うものはみんな入れたらどうか、この際、厚くなってもいいじゃないかということで。しかし、一万五〇〇〇円もするから、学生が買えないんですよ（笑）。

近著の『図説　都市空間の構想力』（学芸出版社、二〇一五）は、どういう手法で都市空間を考え、そこに内在されているような原理的なものを見ていくかという方法論を示したものかと思いますが、これ

ついてお話しいただけますでしょうか。

そもそも町というものはどういう個性があって、どっち向きに何を努力しないといけないかというのを知らないと、その先の計画も立てられません。研究室でさまざまな都市に入っていって調査をしていく中で、これも研究室としてやり始めて二〇年少し経っているんですけれども、やはり都市を体感してその個性を理解するための共通した考えの道筋というのがあるというのが徐々にわかってきました。それをいくつかの手法で分類することができます。

一つは、人がそこに住むときには、たとえば「安全な所に住みたい」というような何らかの判断をしてその場所を決めています。それを見る必要があります。

都市の立地を考えるとそこには何かの判断があって、他ではないこの場所が選ばれているというところが当然あるんです。つまり地形の中でなぜそこに人が住むようになったか、たとえばなぜ城下町ができたかとか、そういうことを考えていくと、やっぱり理由がわかるんです。

丘陵の一番突端で見晴らしがいいということを安全だと考えたり、水が得やすいとか、周りから少し高い所だとか、川の合流点であるとか。ある意味、人がおのずとそういう所に住むであろう、選んできた場所の持っている吸引力みたいなものがあるわけです。

その次に、やはり都市なのである種の構造を持っていますから、それを見るのです。山に向かって道があるとか、神社があるとか、お城があるとか、一番重要な草分けの住宅があるとか、そこから物事が始まっていくようなことが道路のネットワークでずいぶん読めるわけです。

もちろんその後で駅ができるなど、たくさんの変化が起こります。その時々に人々は、この都市はこうあるべきだとさまざまな構想をするわけです。一人一人が考えることの積み重ねで、誰か一人が考えたわけじゃないけれども、それぞれの施設が置かれるときにはそれぞれの判断があったと思うんです。そういうのを集合的に見るとやっぱり誰かが構想しているんだと、擬人的にいえば都市が構想しているともいえるわけです。

次は小さい所を見ることです。建物を見ると玄関があって床の間があって台所があってというのは、ある意味、都市の中に入口やメインとなる場所があるという構造と似ています。一つの小さい所に小宇宙があってそこから世界を見て取るというような、細部にこだわって見るということもすごく大事なんです。ある広場とか、ある通りとかいう所だけを細かく見る中でわかってくることもあるのです。

そういう意味で細部というのは重要なんですが、同時に全体を見て、全体をどのように分割するかとかという中で都市が見えてくるところもあるので、細部から見るのと全体を見るのとは対になっているんです。

最後は「時間」とか「空間」のアクティビティから都市を見るということ、それから「時」のほうの時間変化とか季節とか、そういうものから都市を見るということです。

このような異なった視点で都市を理解しようとすると、その都市の個性みたいなものがよく見えてくるのです。すると、それから先の計画というのは、その先を進めればいいので、説得力をもって立てられるんです。

都市の歴史をさかのぼる

人が住む場所には、複雑な大都会から、地方の簡素な集落までさまざまな形態がありますね。その中から都市を見るための一つのルールをあぶり出すとき、まずは簡単なものから見つけていき、複雑なところでも成り立っていることを確かめるという方法になるのでしょうか？

そうです。最初に大都会を見ると、複雑すぎて、何がどういうしくみで成り立っているのかわからなくなる場合もあります。そんなときは、小さな町から類推して考えます。また、古い地図を使って歴史をさかのぼる方法もあります。今は大都会になっていても、昔は田んぼに囲まれた小さな集落だったりするので、本質的なところが見えてくるんですね。この通りが一番古くて、そこにこの建物ができ、徐々にいろんなものができていって、まちが大きくなった。そうした流れが見えてくるんです。単純化するには、都市の歴史をさかのぼることが有効なのです。

ＮＨＫテレビに、まちを歩きながら、地形の謎やまちの成り立ちを探っていく『ブラタモリ』という番組がありますが、われわれは三〇年ぐらい前から『ブラタモリ』をやっているようなものなんです。ですから、番組のおかげで坂道や傾斜に関心をもつ人が増えたのはうれしいですね。

地方創生にも力を注ぎ、貢献しておられますね。そういった活動を見ていると、よく、これほどアクティブにいろんな所を回っておられるなと驚かされます。

どの地域に行っても、「なぜ、このまちはこんなふうになっているんだろう?」「ここ、変わっているね」と思うわけです、たくさん見ていますから尚更なのです。そうして見ていくと、「ああ、なるほど。こういうふうにしてこのまちはできたのか」と、まちの物語が見えてきます。すると、その先の物語、次の章みたいなものも考えやすくなるじゃないですか。そして、「このまちは、こんなに面白いよ」ということを地元の人たちに伝えるわけです。

地元の人にとってみると、自分が住んでいるまちだから「当たり前」で、珍しくもないですよね。それをわれわれが面白がるのがうれしいらしく、「そんなことは考えてもみなかった」とよく言われるんです。そして、「考えてみると、そう言われればそうだよね」と気づいて、自分たちのまちに自信をもっていくんです。

さらに、「この部分をこういうふうに磨けば、もっとよくなるよね」という感じで次の一歩を提案すると、「それはそうでしょう」となる。みんなの意見になるわけです。それがいいんです。われわれプランナーが行って、「これが正しい」「その人のためにやれ」みたいなことを言っても、住んでいる人は楽しくないですよね。自分の意見だと思えなければ楽しくない。ここが、私たちが建築家と少し違うところです。

建築家は、自分の作品をつくりますが、われわれが「自分の作品」などと言っても誰も受け入れてくれません。「これはあなたの作品です。われわれは、それを見つけるプロセスをお手伝いしているんです」という姿勢で関わることが大切なんですね。

教育も同じです。私は、学生に教えるというよりも、自分が面白がって、学生よりも面白い所を発見します。そして、「このように見ればいい」という取っ掛かりやポイントだけを伝えます。そうすると、学生たちはものすごい勢いで自ら取り組むようになっていくんです。

住んでいる人たちの本当の末端のところに届かないとわれわれの世界は動かない、そして末端をやることはある程度、先端にも通じるのかもしれないと思っています。

マクドナルドでみる景観規制

世界中のマクドナルドの比較写真を撮り続けておられますが、これもまちをみること、また研究に関係しているのでしょうか。

あまり他の人には言っていないのですが、世界中のマクドナルド（以下、マック）の写真を撮っているんですね。日本にいると、マックって赤字に黄色のイメージじゃないですか。あれは必ずしも一般的じゃなくて、もうちょっと真っ白とか金だとか、実はいろんなバリエーションがあるんです。

何も規制がなければあの色（赤字に黄色）になっちゃうんです。ところが赤は駄目とか、この場所ではけばけばしいのは駄目とか、二階から上は駄目とか、世界中にいろいろな規制があって、それに沿うためにまったく違ってくるわけです。写真におさめて比較すると、すごく個性が見えるんです。私はあれはその都市の景観規制がわかるリトマス試験紙だと思っています。景観規制が緩いと赤くなる（笑）。そうやって見ると非常に面白いんです。

京都は赤ではなく、赤でももう少し沈んだえんじ色みたいな赤じゃないと駄目なんです。海外に行くと真っ白だったりします。

一番驚いたのは、ノルウェーの北の方にあるベルゲンという町、ここには世界遺産地区があるのですけれど、木造の真っ白の建物でそこに小さい白い字で「McDonald's」。ものすごくきれいなんです。ある時、ベルゲンの市役所の人に別の機会に会って聞いたんですが、世界遺産地区に近い中心街なので規制が厳しくて、なおかつ家賃が高いわけですよね。規制が厳しくて家賃が高い所っていったら、世界的企業じゃないと入れない。おそらく、そこではマクドナルドの売上だけでは絶対にペイしないわけです。でも世界遺産の一番いい所だから、宣伝の意味があるわけです。マックが世界の中で宣伝するという意味で言えば、そこに投資するのはありうると。なるほど、普通だと自社のコーポレートカラーがあるから、それでゴリゴリと進めていきますが、それとは全然違う世界企業の貢献の仕方があるわけですよね。こういうこともあるんだなと思って撮っているんです。

マックの今昔比較というのもあります。日本の中でも店舗のデザインはこのところ変わってきています。看板の文字にだんだんと英語が多くなって、ベージュとか白や黒が多くなってきてるんです。それは海外でもやっぱりそうなんです。海外で今と昔が撮れたら、なかなかこれは面白い。プラハのマックの今と昔なんて、そんなにないでしょう。そういうことをやっています。

ベルゲンのマクドナルド　撮影：西村幸夫

本質を探り、多様な価値を認める

西村先生は、世界の歴史的記念物や遺跡の保存に関わる非政府組織ＩＣＯＭＯＳ（イコモス：国際記念物遺跡会議）の活動にも尽力し、日本イコモス国内委員会の委員長を務めておられます。世界遺産といえば、ピラミッドなどの古い遺跡や文化財が思い浮かびますが、徐々に様相が変わり、何でも世界遺産にされてしまうのではないかという気もしています。

私は以前から、歴史のあるさまざまな都市に関わる中で、その歴史を生かして何かできないかと考えていたんです。世界的に見ると、そういう場所は世界遺産になるんですね。そこで、アジアの代表のような形で世界遺産に関わるようになりました。

世界遺産はもともと、ピラミッドのような遺跡を守るための活動として始まりました。きっかけは、ナイル川の中流域にあったアブシンベル神殿が、アスワンハイダムの建設によって水没することになったことです。自国のお金でダムを造って自国の遺産がダメになるのだから、国内の問題としてエジプトが何かするべきだという意見もあったのですが、それ以上に、「エジプトだけでなく世界にとっての宝だから、世界で守るべきだ」という声が高まったのです。

そして、日本を含む世界中の国や地域がお金を出し、ユネスコの主導で、水没しない場所への移設が成功しました。これが世界遺産のきっかけです。

このように、「世界の宝を守る」という目的で始まったのですが、広がるにつれて、次の段階へと進んでいきました。一九九〇年代の半ばあたりから、世界遺産に認定されたものがヨーロッパでたくさん増えてきて、ヨーロッパばかりでいいのか、もっと別の所に別の宝があるんじゃないかということが言われるようになったんです。

当初ヨーロッパが中心になっていたのは、ヨーロッパの感覚で価値を評価するしくみができあがっていたからです。日本は木造だし、中東は日干し煉瓦だから、石造りの教会やモニュメントを探しても、そんなものはないに等しいわけです。

しかし、ヨーロッパだけに価値があり、他の所には意味がないのかといえば、「そんなことはないでしょう」となるわけですよね。そこで、もっと多様に見なければならないという価値の転換が起きたんです。

ちょうど、一九九二年に日本も世界遺産条約を批准し、世界遺産の議論に参加するようになりました。たとえば、木造の建物についての議論です。木造の建物は、木が腐ると取り換えますよね。心柱は水がかからないから長持ちするかもしれないけれど、軒の方は雨に打たれたりするから修理をします。日本の建造物は、割とコンスタントに細かな修理をして保たせているわけです。

しかし、法隆寺を訪れて、「世界最古の木造建築というので、古くてボロボロの建物を期待したのに、ピカピカして新しいじゃないか」とクレームをつける西洋の人が結構いるんです。柱を丁寧に補修しながら、腐りかけたら取り換える。壁は換えていいんだというのがわれわれの感覚ですよね。ヨーロッパと日本では、文化に対する感覚がまったく違うのです。

このような目で見ると、まったく違う価値が見えてきます。そして、価値に対する考え方が広がります。日干し煉瓦だっていい、もっと言えばアフリカにある小高い丘にも価値があるんです。その小高い丘では、すばらしい宗教行事が行われます。そのときは大勢の人が集まるけれど、行事のないときは単なる丘なので、今までの感覚でいえば、「単なる丘には価値がない」ということになります。

しかし、地元の人たちにとってみると、すごいイベントやセレモニーのイメージがあるので、単なる丘ではないわけです。見晴らしのいい小高い丘があるからこそ、その場所で、そのセレモニーが行われるようになったのだと考えると、その風景は、そこに価値を生み出したまさに構想力のようなものだといえます。普段は単なる丘ですが、聖なる行事の舞台という意味もあるというわけです。

このように、文化についての知識がなければ価値を読めないものにも対象を広げていいじゃないかということになり、世界遺産はどんどん広がっていきました。いろいろな世界遺産がある方が、世界の文化の多様さを表現することになるという方向ですね。

このように、ヨーロッパ以外の価値を認めるような柔軟性が出てきた背景には、日本が加わったことによる影響があります。日本は、世界遺産条約を批准した段階で、木造の建物を保存するということをすでに一〇〇年ほど前から組織的に行っていて、技術者育成も以前からずっとやってきていたからです。

さらに、修理に関しては何百年にわたって続けてきており、日光東照宮の場合、一七世紀頃から行われてきた修理の資料がすべて残っているんです。漆も、約五〇年ほどで塗り替えなければなりませんが、その都度、同じ場所から材料を持ってきて、同じような技術でつくり続けてきたことが記録に残っています。そうすると、今塗っているのは新しい漆だけれど、技術そのものは連綿と続いているわけだから、これは古いと言えるのではないか。ヨーロッパの石が古いのは物が古いということだけど、こっちは技術が古いんだと言えるわけです。

しかも、このような修理が行われてきたという記録は、ヨーロッパにもないほど精密です。こうした価値に対し、どちらが良くて、どちらが劣っていると言えますか、と。これらの資料には学問的な裏付けもあるし、証拠も残っているんですよ、と。そんな議論を重ねるうちに、ヨーロッパの人たちも、積極的に価値を認めるようになっていったんです。

都市の意図をさぐる

都市空間や都市デザインというのは堅い世界かと思っていましたが、人と歴史が織りなす素晴らしい世界なのですね。耳を澄まして地元の声を聞き、友となった住民との密なコミュニケーシ

ョンを通して、その地域がもつ「意図」を見抜く。地域の面白さや個性を住民としっかりと共有することで、地方創生がスタートする。西村先生の都市デザインにかける情熱と哲学を感じました。今後は、どのような研究に取り組んでいかれるのですか。

やりたいことがいくつかあります。一つは、実際の現場ではこんなふうに都市を読めるんだ、こんなに面白いんだというような本を書きたい。ある意味、実践編ですね。そして、それぞれのまちに住んでいる人にも、「ああ、こんな見方もあるんだ」「こういうところに面白いヒントがあるんじゃないか」ということを感じてもらえたらと思います。

そして、現在興味を持っているのが「祭り」です。これまでずっと、都市を研究してきましたが、都市の魅力が最も花開くのはお祭りのときなんです。普段の生活からは想像もできないようなまちの使われ方をするし、コミュニティの姿もあらわになるので、そこを知らなければ、その土地を一〇〇パーセント理解したことにはならないだろうと思っているんですね。

とはいえ、祭りは一年に一回しか開かれませんから、大学に勤めている間は、各地の祭りを見て回るのは無理です。リタイアして少し時間ができたら、祭りのときに都市というものがどのように輝くのかを見たい。そういう視点で都市を読み解き、本にも書きたいと思っています。

III ブレイクスルーからの創造

人工光合成は、昔から何度もトライ&エラーの繰り返しで、やっては消え、やっては消えてというかたちで今に至っています。時間はかかりますが、誰かが何かをしないといけない。その思いで、研究に取り組んでいます。

誰かがやらなければならない

実験による創造

石北　央

石北 央

教授、Ph.D.

2000年 東京大学大学院工学系研究科修士課程修了。2000年よりDAADドイツ学術交流会奨学生（DAAD Stipendiat）。2005年 ベルリン自由大学 Ph.D取得。2008年 東京大学分子細胞生物学研究所助教。2009年 京都大学特定助教。2013年 京都大学講師、大阪大学教授を経て、2014年 東京大学大学院工学系研究科応用化学専攻教授、同年7月より現職。

人工光合成の実現に関わる酸素発生型光合成タンパク質PSⅡの構造は、複雑極まりない。実施困難な実験を理論で補完する「理論による実験」では、古典と最新、部分と全体、破壊と再生、定説と反証といった相反する要素を柔軟に取り入れ、新しい視点と選択するセンスの有無が試される。

人工光合成とは？

ご専門は、人工光合成ですね。なぜこの分野に進まれたのですか？

はじめは大学では物理をやりたいと思っていました。高校で習った物理では、世の中の物の動きがシンプルな数式で表現できてしまう、そんなところが好きでした。高校時代、生物は苦手で、さらに興味もありませんでした。私の高校は生物と物理と化学が必修科目だったので生物も一所懸命勉強したのですが、頑張ってもほとんど毎回赤点付近でした。

でも、教養課程でいろいろな話を聞くうちに、化学や生物も面白いなと思うようになりました。そして、みんながやっていることではなく、誰もやっていないことをしたい、できればなるべく生物に近い場で物理、化学をしたいと思い、「タンパク質の中の電子移動」というテーマを見出したわけです。

「タンパク質の中の電子移動」と「人工光合成」は、非常に似ている部分があります。生物の中にあるタンパク質は、普通の電子回路と同じように、その内部に電子を流す回路（電子移動経路）を持っています。太陽電池のように光を受けると電子を流し、その結果水を分解するという反応を行うのです。

もともと人工光合成を狙っていたわけではありませんが、光を受けて電子を動かすタンパク質には、酸素発生型光合成タンパク質（PSII）くらいしかなかったので、このタンパク質をターゲットにして研究を始めました。

PSIIはおそらく、現在、構造がわかっているタンパク質の中では、最も複雑なタンパク質です。分子の構造や規模も大きく、研究にもやりがいがあります。形も美しいのです。複雑な機能・構造を持つ対象こそ、なるべくシンプルに説明したいと思っているので、複雑な機能と構造の関係が研究の過程で見えたときには、神様がこのタンパク質をつくったのではないかと思うくらいそのしくみに感動しました。

そもそも、人工光合成とはどのようなものですか？　生物では光合成というのは光のエネルギーを使って、水と二酸化炭素からブドウ糖というか炭水化物を作って、その副産物として酸素が

できるということを一般では習うのですが、お話を聞いていると、いきなり水（H_2O）を分解する話でしたね。

自然界の光合成には、水を分解して酸素を出す反応と、二酸化炭素からブドウ糖をつくる反応の二つがあります。しかし、「人工光合成」という言葉を使うときは、もっとラフに考えてよく、「光によって、何かものをつくる」という反応全てを人工光合成と呼んで構いません。

もちろん、光で水を分解して酸素を出す反応も人工光合成です。ただし、酸素は地球上にたくさんあるので、光で水を分解して酸素を出しても産業的にはあまり意味がありません。むしろ、水素を出してくれたほうがいいのです。

現状では、水素をつくるためには膨大な費用がかかります。しかし、光によって、日常生活に普通に存在している水を分解して水素を出すことができれば、それを燃料電池自動車の水素として使うことができます。二酸化炭素からブドウ糖をつくったり、燃料となるメタンガスのメタンをつくったりするのも人工光合成といわれます。

同じく光を当てて反応を起こすものとしては、太陽電池があります。光を当てて電流を取り出すのが太陽電池ですが、電気は、その瞬間流れたら終わり、つまり発電と同時に利用しなくてはなりません。夜は発電できないので直接は利用できず、利用のためにはバッテリーを使ってためておかなければなりません。

しかし、人工光合成は、水素やメタンガスといった貯蔵できるものをつくり出せるので、必要なときに取り出したり、輸送したりすることが容易にできます。これが太陽電池との大きな違いです。ただし、実用化に至るのは太陽電池に比べればまだまだ先の話で、おそらく三〇年先か四〇年先になるだろうと思います。

誰かがやらなくてはならない

それはなぜですか。三〇年、四〇年といえば、その間に何が起こるかわからないくらいの遠い先ですね。

そうですね。誰かがやらなくてはいけない研究ではあるのですが、人工光合成は成果が出るまでにはまだまだ時間がかかります。

太陽電池と人工光合成は、研究の進展が全く別の段階にあります。太陽電池はかなり前から実用化されているので、その効率をどんどん上げていく段階です。人工光合成よりも、はるかに進んだレベルにあるといえます。

ところが人工光合成は、昔から何度もトライ&エラーの繰り返しで、やっては消え、やっては消えてというかたちで今に至っています。ただ、明らかに昔よりは進歩があります。時間はかかりますが、誰かが何かをしないといけない。その思いで、研究に取り組んでいます。

植物の光合成のしくみができるまで、植物もトライ&エラーを繰り返して、進化しているわけですよね。生物が光のエネルギーをうまく使う方法は一つではないと思います。そのやり方に共通項はあるものでしょうか。

その通りです。ただし、水素なり、炭素なり、地球上の物質自体が持っている性質は普遍ですので、生物はそういった束縛を抱えながら、システムを発展させていくわけです。

生物はいろいろな環境に適応して生きているので、たとえば光が入ってこないような深い海にいるようなものと地上にいるものとでは、光を感受するのに使うタンパク質（アンテナタンパク質）は違います。南極にいるものもやはり違います。このようにアンテナタンパク質はそれぞれ個別に進化をしています。ただ、もちろんどうしても変わらない共通部分はあります。それが、アンテナタンパク質で集めた光を「水分解・酸素発生」という化学反応に利用するPSIIの反応中心部位です。なぜPSIIの反応中心部位は共通部分かというと、地上でも深い海でも水分子・酸素分子の化学的な性質は普遍ですから、水分解・酸素発生を担う触媒部位の構造はそう簡単に変わりません。

生物の中には、必要以上とも思えるほど複雑な構造をもっているものがいます。そういう構造は、失敗と成功の結果として複雑になっているのでしょうか。人工光合成の研究と比較していかがでしょうか。

以前に聞いた話ですが、原子炉か核融合炉だったかの初期のものは、シンプルで対称性のある形をしているそうです。ところが最近のレベルアップしたものは、形を見てもよくわからないような、かなり複雑で入り組んだ構造になっているそうです。生物もそういうものかもしれません。PSIIは水を分解する反応中心の部分と、それをとりまく光を集めるアンテナ部分があります。反応中心部位はどんな生物のPSIIでも同じ形状を保っていますが、アンテナ部分は生物の生活環境によって本当に多種多様です。また、強い光は生物にとってエネルギー源だけでなく同時にダメージ源でもあるため、進化が進むにつれ、PSII自らを保護する機構がアンテナ部分に組み込まれるように進化していきます。

光合成と聞くと自然でマイルドなイメージですが、光は活性酸素を作り出す原因でもあるため、PSIIは自分自身が壊れてしまう可能性を持つ諸刃の剣でもあります。PSIIは地球上の九九パーセントの酸素を生み出していて、それ故に自身で作った酸素から活性酸素も作ってしまい、ダメージを受けるリスクが高いです。そこで実は、PSIIは、三〇分に一回、自分自身を壊しながら働いています。光を利用して酸素を出す以上、活性酸素の攻撃は避けられないので、損傷を受けたPSIIは自ら外部にある分解酵素を呼び込んで、ダメージを受けた部分を敢えて壊し、新たに合成したものと入れ替えてフレッシュなPSIIを作り直します。これを三〇分に一回くらい繰り返すおかげで、光合成の仕組みは維持されています。

PSIIは水分解反応における触媒の役割を果たします。触媒の定義というのは、ある反応を、自分をすり減らすことなく永続的に促進させる物質ですが、実際には長く使っていると働かなくなります。つまり工場等で利用する触媒の使用できる回数には限度があります。しかし、それに対して光合成のシステムは、たとえ三〇分に一回、自分で自殺行為をして作り直してはいますが、死ぬまでに行える化学反応の回数を工業触媒と比べれば、明らかに長寿命です。だから十分なのかなと思います。

シミュレーションを活かすためにはセンスが必要

石北先生の研究では、理論と併せてシミュレーションが重要な役割を果たされていると思います。しかし、シミュレーションというのは「それは本当に正しいのか」ということがしばしば疑問視されます。そのあたりはどのようにお考えでしょうか。

私は、シミュレーションをしているというよりは、計算機を使って、実験をしているという意識です。

PSIIをはじめとするタンパク質の分子構造を研究で取り扱う場合は、結晶という、動いていないような状態で扱わざるをえません。一方、現実の生体内では、タンパク質分子は常に動いたり熱で揺らいだりしています。さらに、一般的な量子化学計算を使ってタンパク質分子を解析しようとすると、分子の動きが完全に停止した「絶対零度[1]で凍り付いたタンパク質分子」の状態しか見ることはできません。常温にあるタンパク質分子とは違います。

ただ、だからといって天地がひっくり返るということはないのです。物質の持っている低温での性質と高温での性質は異なりますが、たとえばヘリウムのほうが水素より重いという事実は低温でも常温でも変わりはないし、覆るようなこともありません。私は計算の弱いところも強いところもわかっているつもりなので、絶対覆らないだろうというところで議論をするようにしています。

たしかに、まだシミュレーションの精度がよくないという面はあります。現状では実験と同様、計算でも解析するのが難しい部分はあります。たとえば、タンパク質分子のような大きな分子の立体構造を計算で求めることです。

私の場合、そこは自分ではできないと潔くあきらめて、むしろ実験の研究者の力を借ります。たとえば実験で得た「結晶構造」を使って計算します。実験で得られた「結晶構造」も完璧ではなく、水素原子を見ることができません。[2]逆に水素原子の位置は、正しい解釈をした上で計算を実行すれば見ることができます。つまり、実験だけでは見えないところを再び計算で見るわけです。

今使っているQM/MM法[3]も、私が使い始めたのは、実は三年ぐらい前です。それも研究を進める上で必要に迫られたから使ったのであり、そういう意味では自分が必要だと思えば実験だってするかもしれません。計算や実験はツールであって、重要なのはサイエンスとして明らかにすることですから一つの方法に固執するつもりはないです。必要があれば、どんどん手法を変えていきたいと思います。研究手法を実験から理論にスイッチできたのと同じように、他へのスイッチも決して難しくはないと思っています。

1　量子力学的な実験は絶対零度近傍で行われる。絶対零度(摂氏マイナス二七三・一五度)とは、物質によって異なる沸点や融解点とは違い、すべての物質に共通する、物質内の動きが最小限に抑えられる温度。古典力学では、熱振動(原子の振動)が小さくなり、エネルギーが最低になった状態、つまり原子の振動が完全に止まった状態とされるが、量子力学では、不確定性原理のため、原子の振動が止まることはなく、エネルギーが最低の状態でも零点振動をしているため、量子力学の実験では絶対零度近傍の環境を採用している。

2　ここではX線結晶構造解析を指す。X線の代わりに中性子線で解析(中性子線結晶構造解析)を行うと、水素原子を見ることも理論上可能ではあるが現実的には、さまざまな制約のため、ごく限られた数のタンパク質でしかなされていない。

3　Quantum Mechanics/Molecular Mechanics 法の略。計算精度を持ち合わせた量子力学計算(QM)と計算速度を持ち合わせた分子力学計算(MM)を組み合わせることで、タンパク質のような巨大分子を実用的な精度・速度で計算することができる。二〇一三年ノーベル化学賞受賞者アリー・ワーシェル教授、マイケル・レビット教授らにより開発された。

石北先生が師事されていたウォーシェル氏らがノーベル賞を受賞したQM／MM法についてお教えください。このような粒度の異なるシミュレーションを組み合わせて、なぜうまくいくのでしょうか。

たとえば、私が教室で講義をしているときに、私の目の前の学生がふらふら一メートルも動いたなら、私はすごく気になるし、座っていろと言うかもしれません。でも、ものすごく大きい教室で、後ろの席の学生が一メートル動いても、私から見たらそれほど気にならないでしょう。量子力学計算（QM）と分子力学計算（MM）を組み合わせたQM／MM法の考え方はまさにこのようなもので、フォーカスしたい重要な化学反応が起こる部分を、時間がかかるが厳密に計算できるQMとして取り扱います。見たい部分から遠くにあるものは、量子化学的な相互作用を無視できますので、高速に計算できるMMで十分取り扱えます。このようにQMとMMを融合させることで、特にタンパク質のように数万原子から成り立っている分子に関しては、効率良く、かつ精度良く計算できます。当時は分子全体には一つの手法を適用、と誰もが思っていましたので、QM／MM法は非常に画期的でコロンブスの卵だったと思います。

そういう話をすると、タンパク質分子から重要な部分だけを抜き出してQMで見ればいいじゃないか、と思われるかもしれません。でも、QM周辺を取り囲む一見重要ではなさそうな部分も計算に含めないと、タンパク質を語れません。フォーカスの強弱をつけて、全体を見ることが重要なのです。

ＱＭ／ＭＭ法の優れたところというのは、計算時間を抑えながら、精度も必要に足るところです。楽な計算は悪ではなく、現実的にそれで十分なんです。闇雲に計算するのではなく、見たいところをセンスよく「選択する力」が研究者に求められるのだと思います。

補い合う理論と実験

石北先生はもともと実験系から出発され、現在は理論をベースに研究しておられますね。きっかけは何だったのでしょうか。


実験はすごく楽しかったですね。大腸菌を培養したり、そこからタンパク質を抽出したり。私は工学部にいたので、工学的ニーズのあるタンパク質をつくりたかったのですが、ただ、やみくもにかたっぱしから実験するだけではなかなかうまくいきませんでした。そこで、理論的なアプローチも併用してターゲットを絞っていけば効率よく実験ができるのではないかと思い、博士課程の三年間くらいならいいだろうという軽い気持ちで、博士課程で理論への転換を決めたのです。

実際にやってみてわかったことは、実験では非常に難しいといわれていることが、理論ではものすごく簡単だったりするということです。しかも意外に、思っていた以上に精度が良いのです。

逆に、理論で非常に難しいといわれていることも、実験してみると、理論の式を解く以前に、すぐわかるようなことも存在することがわかりました。

ですから、どちらが優れているかではなく、どちらにも長所と短所があるのです。実験で苦手なところは理論に任せてしまえばいいし、理論で苦手なところは実験に任せる。そういうかたちでいいような気がします。

理想を言えば一つの研究室で理論と実験の両方を同時にできるといいのですが、とはいえ、現実的にそれをやるのは難しいと感じます。ある程度ならできると思いますが、この分野ではよほど大規模な研究室か研究作業が単純でない限り、実験をする研究室は基本的に実験を行い、理論の研究室は基本的に理論を研究しています。時間が一〇〇あったとして、一つの研究室の中で五〇を理論、五〇を実験に割くというのが本当に賢いやり方かどうか、難しいところだと思います。理論も実験も片手間ではできません。

この分野は実験で一つの結晶を取るだけで一〇年かかったりしますし、一〇年かかってもとれないかもしれません。実験は好きだったので、実験から理論に移った当初は、いずれは理論と実験を両方できるようになりたいと考えていましたが、実際にやってみると、きちんとした仕事をしたいのであれば、とてもそのようなことは考えられません。やはり一つに集中しないとできず、今は理論の研究に全力投球しています。それでも、まだまだ時間が足りません。

普段から心がけているのは、他の分野の先生方と情報交換することですね。人工光合成の問題を解きたいといっても、そこだけ見ていては解けないと思っています。あるすごいシステムがあったら、そのシステムと別のシステムを常に比較していかないと、そのシステムの何がすごいのかわからない。当たり前だと思っているものも、他のものと比べてみるとそのすごさがわかったりします。必ず私は、同時にいくつか異なるタンパク質でも研究を進めています。

わかりやすく伝えるために

人工光合成は、その重要性の割にまだまだ世の中に知られてはいないと思います。

私自身も、人工光合成という言葉を知ったのはそんなに昔ではなく、せいぜいこの五年くらいです。しかし、福島での原発事故の後、世の中でも徐々に注目されるようになってきました。ある意味、時代が必要としているのでしょう。

ですから、コンスタントに研究を続けていくとともに、いろいろなところでわかりやすく、専門に特化しないようなかたちで、一般の人に向けて話していくことが重要なのではないかと感じています。

物事をわかりやすく伝えることについては、以前から思い入れがあります。個人的な話ですが、自分の名前が比較的珍しい名字なので、電話で「石北です」と言っても、なかなかわかってもらえないんですよね。漢字で書いたら誰でもわかるのに、電話では、「イチダさんですか」「シキタさんですか」などと言われてしまう。わかりにくいことをなるべく一発で伝えたいと思うのです。

博士号を取得するために過ごしたドイツでの経験も大きいですね。慣れないドイツ語を使って電話でやりとりするときなど、どのように言えば相手に伝わりやすいかを常に意識しました。そのうちに、こういうふうに発音したら通じやすくなるとか、同じアルファベットでも、こう書いたら通じやすくなるといったことがわかってきたのです。会話の組み立ても、こういう構成にしていけばわかりやすいとか、いきなりこんな話をしたら絶対にわからない、とか。また、日本の常識は、ほかの国の常識ではないのだなと気づいたりしました。そういう経験が、今に生きているのかもしれません。

話をする相手が研究者でも、わかりやすさは重要です。以前、全く別の分野の人たちに分子の話をして、「わからない」「そういう細かい話はやめろ」などと言われたことがありました。それがすごく悔しくて、なるべく喩えを使い、多くの人がわかるような言葉を選んで話すようにしています。

図で示す工夫も心がけています。たとえば、タンパク質の分子構造にしても、話だけでは複雑で、一般の人が聞くと、「わけがわからない」という一言で終わってしまうと思います。ところが図を示すと、全く専門知識のない一般の人でも、見ているだけでなんとなくでもわかることが多いのです。

たとえば、小さな分子を輸送するタンパク質には、内部にストローのような筒があります。その図を見れば、小さな子どもでも、「このストローは、何かを向こうに運ぶのに使うのではないか」と考えます。その理解は、ちゃんと合っているのです。

生物の機能は、突き詰めれば生物の構成要素である一個一個のタンパク質分子が担っています。一個一個のタンパク質は、らせんを巻き複雑な形に思えるかもしれませんが、必ず、目で見れば機能が理解できる構造をもっているのです。先入観を持たず冷静に形を見れば、幼稚園児でもわかるようなことが結構たくさんあります。私が取り組んでいるのは、さらに計算でより客観的な言葉で説明していくことですから、決して難しい話ではないのです。

定説を疑う目を持て

タンパク質構造をある程度予測するというのは、人工光合成だけでなく、スパコンを用いたがんに対する抗体の研究などにもつながります。共同研究などを視野に入れた現状や可能性については、どうお考えでしょうか。

私は創薬の研究はあまりしていないのですが、すぐに実現するのは難しくても、余力があるのなら、そういった新しい研究をどんどん立ち上げて、取り組んでおかないといけないと思います。

ただ、私個人の人生の時間は限られているし、マンパワーも限られているので、現状では広げる余力がないというのが正直なところです。

たとえ現段階で中途半端な未完成のものであっても、そこで否定してはいけないと思います。誰かが発展させていかないといけないからです。誰かが研究を続けることによって、そこから何かが生まれることがあります。私が現在使っている手法も、かつて、誰かの手によってつくられたものなのです。

道は遠くても、誰かが始めて、誰かが続けていくことが重要です。

石北先生は、いろいろな大学や研究機関を経て、二〇一四年に東大の先端科学技術研究センター（先端研）に来られました。先端研は、他の大学や研究所に比べてどのように見えますか。

先端研は、仕事がしやすいですね。「こういうことをやろう」「こっちのほうがお金の使い方としても有効利用になるから、こうしよう」と提案しても、大学によっては規定が厳しかったり、事務担当者によってはダメだったりということがありますが、先端研は非常に協力的で、官僚的でなく、事務の方々もすごく応援してくれます。

何かをやりたいと言えば、「ダメです」と言う前に、「では考えてみましょう」と必ず言ってくれますし、手も貸してくれます。変に干渉せず、全員が互いにリスペクトをもって、ほどよい距離で仕事をしているところがいいですね。

ほかの教員とも、ほどよい距離感があります。分野がそっくり同じ教員同士ではなく、適度に離れており、お互いに構えなくて済みます。

私はいつも、人と雑談をして、そこからヒントを得てものを書くことが多いのです。以前の職場でも、自分とは全く違う研究をしている人たちが周りに大勢いたので、休み時間に少し話をしながら、「そうか、これはできるかも」と思うことが多々ありました。そして、実際にやってみて、論文になったケースもたくさんあります。大いに刺激を受けられる環境はとても居心地がよく、勉強になりますね。

既存の定説でも間違っているようなものが結構あり、それを学生さんに検証させているそうですが、どのようなお考えからですか。

既存の定説をつぶそうというつもりではなく、実際に研究をしていると「これは定説で言われていることと何か違うのではないか」というものが見えてくることが結構あるのです。

たとえば、ここに来る前の話ですが、ある研究者が、実験の論文を投稿しました。しかし、私たちの研究室では「この内容は違う」という話になりました。その研究者は重鎮なので、反論をしたら自分のキャリアに不利になるかもしれませんから「でもまぁ、いいか」と終わりにするのが多くの任期付の不安定な身分の若手研究者だと思います。ですが、私たちは同じ雑誌で反論を発表しました。

当時の私の身分は、任期付の不安定な身分でしたから権威ある方から見れば生意気に思えたかもしれません。その論文を投稿した後、サイエンスの議論をせずに、「たかが計算でいわれても」と、はなから言ってくるような方もいましたが、「実は私も同じように思っている」と言ってくれる人とも知り合えたのは良かったです。変に賢《さか》しく計算して自分の考えを引っ込めないことは大切だと思います。

また、定説や既に論文で投稿されていることに対しても、疑う目を持つのはよいと思います。教科書に載っているから、それが一〇〇パーセント正しいというわけではありません。あくまで私見ですが、アメリカの研究が常に最先端を目指すとしたら、ドイツやヨーロッパの研究というのは、基礎のことをもう一度根底から見直したりします。そこから新たなノーベル賞受賞者が出るように、新しいものばかりを追いかけるのではなく、基礎から全部やり直すということも、重要だと思っています。

学生にはそのような姿勢を忘れないで、研究に取り組んでもらいたいと常に思っています。

この分野の研究には、総合力と想像力が必要不可欠です。再生可能エネルギーの開発では、あらゆる学問を総合して、あの手この手を使わないと課題をクリアすることはできないのです。

再生可能エネルギーの開発は学問の総合格闘技

総合力による創造

飯田 誠

飯田 誠

特任准教授、博士（工学）

2001年 東京大学大学院工学系研究科博士後期課程修了。2001年 東京大学大学院工学系研究科機械工学専攻助手。2002年 同研究科電子情報工学専攻助手。2006年 同研究科総合研究機構特任講師。2008年 同大教養学部附属教養教育開発機構特任講師、特任准教授を経て、2010年より現職。

どれだけ物理を追究したシステムも、自然界の特殊な出来事に遭遇すると状況は一変する。いかに自然の不確かさと付き合っていくか。
山積する課題の前で本質を見失いそうになると、必ず、ある場所に立ち戻るという。日本の再生可能エネルギー研究のホープが持つ、柔軟な発想と行動力を紐解く。

総合力と想像力で新技術を生み出す

国や企業と共同で多くのプロジェクトを組み、風力発電の出力安定化、高効率化に関するさまざまな研究をしておられます。環境省事業では、福井県越前町の海岸で、世界初となるブローホール式波力発電（後述）の実証研究施設を稼働させるなど、再生可能エネルギーの分野で大いに活躍していらっしゃいますね。

この分野の研究には、総合力と想像力が必要不可欠です。そのことを、日々、ひしひしと感じています。私の研究活動を知ったある先生から、「再生可能エネルギーというのは、工学系のみならず、あらゆる学問による総合格闘技なのだね。あの手この手を使わないといけないね」と感想をいただいたことがあります。まさにそのとおりなのです。私のもともとの専門分野である流体力学だけでは、再生可能エネルギーの課題をクリアすることはできません。私自身、研究すればするほど、いろいろな分野に興味が広がっています。

再生可能エネルギーで最も重要な点は、自然を相手にしなければならないこと。そして、それを人が使い易い電気に変えなければならないことです。そしていかに自然の不確かさとつき合っていくかが興味深くもあり、また難しいことです。どれほど地道に物理を追究してシステムに反映させていっても、自然界の特殊な出来事に遭遇したとき、それに対応すると一気にコストが上がってしまいますからね。まさに、自然を相手にして、自然から学ぶ学問といえます。加えて、俯瞰して学問を見つめなおし、時に異なる視点で考える必要があります。

たとえば、機械工学の設計手法では、燃料（入力）や出力といった境界条件がある程度定められます。ところが実際の風車は自然が相手なので、境界条件はその時々で変わります。建てる場所によっても出力傾向が違ってきます。ですから、単に高効率化を目指す設計だけではなく、大きく変動する自然界の不確かさに対応できる、柔軟性のある発電システムとしてどう設計するかという考え方が必要になってくるのです。

私の専門は流体力学で、学生時代、翼の周りの流れを研究していました。そのアプリケーションの一つとして、風車にすごく魅力を感じるようになりました。特に関心を深く持つようになったのは、大学院の博士課程に進学・在学していた頃のことです。

風車の羽根はぐるぐる回っているので、外側（翼端）ほど相対的にスピードが速くなります。根元は、人間が肌で感じる風くらいのゆるやかさですが、外側に行くにつれて、自転車の速さ、自動車の速さ、鉄道の速さというように徐々に速くなっていき、ブレード（羽根）の一番外側の端は、流体力学的な相似関係では飛行機の現象が含まれることになります。つまり、一本の風車に、人間のつくった機械構造物の流体現象がすべて入っていることになるのです。

風力は環境にも優しいうえ、ほかの分野にも応用できます。その魅力と可能性に、私は強く惹きつけられました。

不確かな自然を相手にしながら、さまざまな分野の人たちの考えを柔軟に取り入れていくことが、この分野では必要ということですね。

私はもともと、一つの分野に集中することも好きですが、専門外のいろんな人たちから話を聞いて刺激を受け、「こういうふうにも使えるのではないか」と考えるのが好きです。いろいろな知見を活用して想像力を最大限に働かせ、実現できるかどうかを考えていくという一つのアプローチです。

福井県越前町で実証研究をすすめているブローホール式波力発電も、海洋工学や機械工学、土木、船、海洋といったさまざまな人たちと雑談をする中で生まれたアイディアの一つなのです。

ブローホール式波力発電は、自然の岩盤を人工的にくり抜いて、波の荒い海岸の岩場に見られる潮吹き穴（ブローホール）を再現し、波の上下動で生じる風を利用して空気タービン（羽根車）を回す発電システムなのですが、もともとは、一九七〇年代から八〇年代に盛んに研究されていた波力発電システムが発想の原点です。

従来の波力発電は、一次変換部と呼ばれる波運動から空気流に変換する部分を人工的な装置で構成されており、荒波に耐える構造にしようとするとコストが高く、また波力の往復流への対応

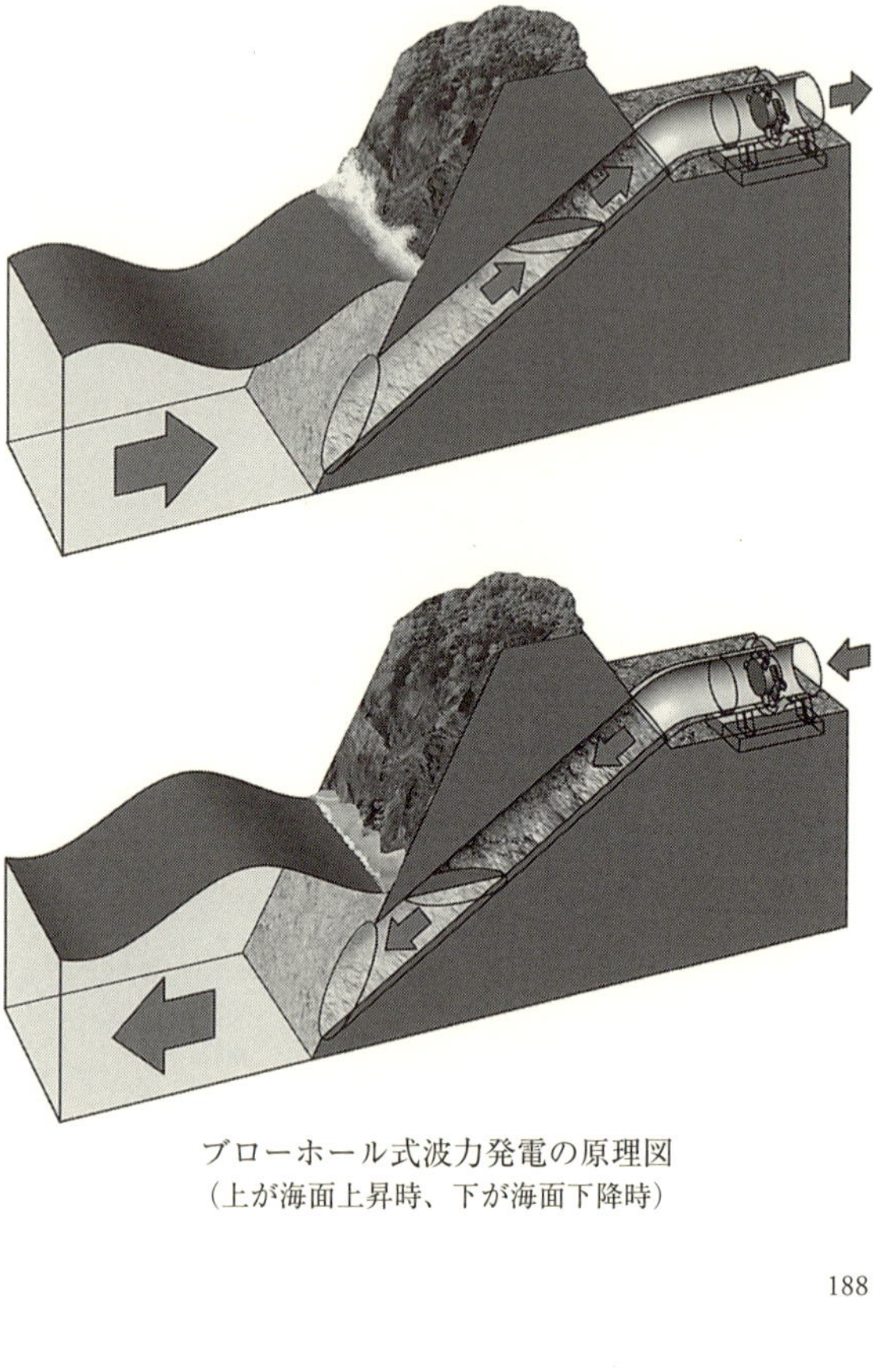

ブローホール式波力発電の原理図
（上が海面上昇時、下が海面下降時）

が難しいことが課題でした。それなら、一次変換部を岩に穴を開けて実現してはどうだろうと、飲み会か何かの席で盛り上がり、「ただし、技術的には変換された気流の質が保証されるかなどの課題があるね」という話になったのです。そのとき私も同席しており、風力研究を手掛けてきたことから「風なら、お手のものですよ」と（笑）申しあげました。そうしてプロジェクトが立ち上がり、世界初となるブローホール式波力発電が生まれたわけです。

盲点を突いた発想の転換でバードストライクに挑む

空を飛んでいる鳥が、航空機や建物などの人工構造物に衝突する事故のことを「バードストライク」というのですが、あるとき、とある人から、「風力発電では、以前からバードストライクが問題になっているのですが、なかなか解決策が見つからなくて困っているんです」との相談を受けました。

地球温暖化対策として風力発電を推進することは重要ですが、一般の鳥はもちろんのこと、イヌワシやオオワシなどの希少種が風車にぶつかって命を落とす事故もありますから、自然保護、野生生物の保護という観点もしっかりと考慮する必要があります。

風車はゆっくり回っているので、鳥は避けられるはずだ、ぶつかるわけがないと一般には思われがちです。ところが、風車の一番外側の端は時速三〇〇キロで動いているので、あっという間に迫ってきます。

以前から、鳥類を研究している学者の間では、「なぜ鳥はぶつかるのか、なぜ人工建造物に気づかないのか」という研究が一所懸命に行われてきました。解決策を探るために、そうした人たちにも話を聞いたのですが、聞けば聞くほど、私は、「鳥に期待するのは難しい」という気がしてきました。

というのも、鳥は生物学上難しい一面を持っています。餌を探すような場面では下を向き、視野が地上の小さな動物に集中し、意識もそちらに集中してしまいます。このようなときは、空中の前方正面のことへの意識が欠如してしまうそうなのです。ですから、餌のことをずっと見ながら飛んでいると、ごつんとぶつかってしまいます。本

太平洋からの風を受けて回る風車　撮影：永尾徹

来自然界には、風車などの鳥の飛翔を邪魔するような人工建造物はないので、常に正面を見て避けるという機能がついていないのだと聞きました。さらに、風車が一定の回転数を超えるとブレードの回転が速く、鳥が認識できない速さになってしまうということも知りました。他には鳥同士で追いかけっこをしていて、逃げるのに一所懸命になり、前方への注意が散漫になってぶつかってしまうケースもあるそうです。

これらは、鳥の本能によるものです。もしかすると、今はバードストライクに遭う鳥種であっても進化の過程として、将来、風車を見つけて避けることのできる鳥が現れるのかもしれませんが、現在は、鳥の側で避けてもらうのは難しいと感じました。

風車に色を塗るなど、風車の存在や、風車が動いていることを鳥に識別させるようにすることは考えられます。音を出そうという話も一部では出ています。しかし、色を塗ったり、音を出したりするとコストがかかるうえ、見た目もよくないので景観条例などが今度は問題というように、他の新たな問題が発生してしまいます。ですから、別の解決策として羽根車の素材を柔らかくして、鳥がぶつかっても傷つけないとか、風車の側で何とかする方法を考え出そうとしている人もいます。

私が思いついたのは、「鳥に期待するのはやめて、風車の側に〝目〟の機能をつけてあげよう」というアイディアです。これも発想の転換ですね。鳥に風車を見つけてもらうのではなく、風車のほうが鳥を見つけて、回転を止めたり、回転を緩めたりとフレキシブルに運転できるようにするのです。それができれば、痛ましいバードストライクを減らすことができるのではないかと思うのです。そう考えて、画像解析とＡＩの手法を取り入れ、研究を進めているところです。

経験と技術で世界を目指す日本

バードストライク問題のほかには、どんなことに力を入れていますか？

今、最も頑張っているというか、楽しく取り組んでいるのは、風車のメンテナンスについてです。

風車も機械構造物なので、車と同じようにメンテナンスが必要です。しかしこれまでは、風を受けて何かトラブルがあったら対応するという事後対応が主でした。その際、現況では人間の手でまさに手間暇をかけてメンテナンスをするので、風車をつくるのと同じくらいのコストがかかっているのです。そこで、もう少し賢く、早めに対応することができないかと考え、スマートメンテナンスシステムというメンテナンス技術の開発をすすめています。

スマートメンテナンスシステムとは、簡単に説明すると次のようなものです。従来、使われているのは、風車に大きなトラブルが起きたとき、センサーによって故障を見つけるという監視システムでした。それに付加価値をつけて、日ごろのメンテナンスに必要な情報も収集するシステムにすれば、使い道が増えるのでトータルのコストが安くなるのではないかと考えました。つまり、風車の状態監視に加えて、メンテナンスに必要な情報を集めて、計画的にメンテナンスをしていくという形にするシステムです。そうすれば、「雷が落ちたから対応しよう」というトラブル示現後だけでなく、「そろそろギアがギシギシと鳴りそうだからチェックしにいこう」ということができるようになるのです。

このプロジェクトには、メンテナンス技師や、風車の部品メーカーなどのほか、保険会社にも参加いただいています。保険会社が参加しているのは、風車のトラブル予防や保全ができるようになれば、保険会社のコストが下がり、風力発電事業全体のコストも下がるだろうと想定し、故障診断と保険をセットにしていく研究開発をすすめているからです。

将来、こうしたデータをいろいろなところで取得して集め、トラブルシューティングのログのようにしていくことで、医療業界が行っているオンラインカルテシステムみたいなかたちができるようになるといいと思っています。お医者さんのところに行って、頭が痛いですと言うと、頭が痛いという症状に見合う症例と処方箋などが出てきますよね。風車のトラブルも同じようにできたらよいと考えています。風車のトラブルは自然が相手のため、現状ではその多くは故障が起きてもなかなか原因を特定できません。そのトラブルがなぜ起きているのだろうということを知るには、メンテナンス技師さんの経験に頼るほかないのです。そこをきちんとデータベース化、ネットワーク化して学習させ、システマティックにしようと、いろいろな企業の方と一緒に取り組んでいるところです。

風力分野にはいろいろな企業が絡んでいます。また部品の点数は約二万点にものぼる大型機械構造物なのです。課題を一つずつ解決していけばコストも下がり、産業波及効果もあります。世界の産業の立役者にもなれるのではないかと、いろいろな関係企業、省庁にも話を聞いていただいています。

世界的に見ても、再生可能エネルギーに関する日本の技術は劣っていないと思います。日本の自然環境は過酷ですから、台風や雷への対策など、世界の中でも先進的といえる課題や発想を持っています。他の国々の人たちは、こうした過酷な自然環境の中で風力発電に取り組んでいませんので、技術的にも、新しい視点を持っていると思います。そのぶん、日本は伸びしろがあるのではないかと思います。ただ現在のところ、市場性や政策、量産可能性などのビジネスの観点では、ヨーロッパや中国のほうが人も資金も割いていますし、非常に力があると思います。ビジネスでは残念ながら水をあけられています。

ヨーロッパや中国の自然環境は、日本とは比べられないほど安定しており、問題が少ないから、風車も安く大量につくれるということでしょうか。日本としては、もっと世界市場を意識する必要がありそうですね。

正確には、安定している地域が多いということだと思います。また製品開発に対する姿勢も多少差異があるので一概には申しあげられませんが。世界市場を意識したとき、大事なキーワードが、日本製の部品のシェアです。現在、風車の市場規模は一兆円から二兆円ですが、そのうち、日本製の風力発電施設の本体、つまり開発そのものの部分では、数パーセントのシェアしかないのです。

ところが部品で見ると、世界における発電機のシェアは約三〇パーセントであったり、ギアボックスや増速機は約五〇パーセントを占めていたりします。つまり、海外の風車メーカーが使っている部品の多くに日本製品が使われているのです。ものづくり技術で見たら日本の技術が認められているということですね。一定の技術力も、ある程度のシェアもあるということは、風車本体の売り方に工夫が必要ということになるわけです。

私が取り組んでいるメンテナンスのしくみは万国共通で、しかも、どれだけトラブルを経験しているかが重要になる技術ですから、日本が中心となって世界に発信していける可能性があります。私は、五年から一〇年のスパンで戦略を見ています。

目の前にある重要課題に力を注ぐだけでなく、一〇年後に自分の研究が花開くためにいろんな要素を積み上げることを重視しているのです。このまま技術を蓄積していくと、おそらく六年後か七年後くらいにメンテナンスの技術が成熟することになりますから、うまくいくことを期待しています。

私は、先手を打っておくことが重要と考えています。風車の建設が始まったころにつくられた風車は、ちょうど今、五年選手や七年選手になってきています。急に故障が起きはじめるのは、建ててから八年から一〇年後ですから、今、建っている風車は、私たちの世代が面倒をみることになります。ですから、そのときに必要になる技術開発に興味があるのです。

この業界はどうしても自然を相手に如何に成功するかが重要なので、実績を重視します。メンテナンスのしくみをつくり、保険をセットにするという実績をつくっていけば、市場性の確保にもつながっていくでしょう。

エネルギーミックスと風力発電

近未来を想像すると、本当に風力発電がよいのだろうか、別の技術が出てくるかもしれないとも思います。その可能性はあるのでしょうか。

あると思いますし、全く否定しません。風車の音や、バードストライクの問題に対して本当に困っている人がいて、技術的、科学的に解決できないのであれば、風力発電はあきらめなければならないとも思います。

私の研究は応用研究に分類されると思いますが、視点は、あくまでも原理原則に立つことを大切にしています。ブローホール波力発電システムにしても、原理原則は破っていません。見失いそうになったときも、原理原則に戻して考えると、そこで大体ブレイクスルーが見える。そういう繰り返しが多いですね。

そうした原理原則論で考えてみると、私たちが普段感じている風がその場所にあるのかとか、太陽光発電は残念ながら夜間は発電できないとか、再生可能エネルギーにもそれぞれ課題があり、すぐに解決できるものではありません。ただ、先ほどお話しした流体力学のように、風車には、いろんなものに応用できる力があるのです。ですから、将来、別の技術が出てきたとしても、ここで得られた知見は風車以外にも用いることができるのです。

オリンピックを迎える二〇二〇年、あるいは二〇三〇年ぐらいを目指したエネルギーミックスについては、どのようなバランスを想定されているんですか。

それはいろいろなシナリオがあるので何ともいえないですが、太陽光と風力を基軸にして、小水力、バイオマスがさらに半分くらいずつというシナリオもあります。目標数字はすっかり忘れてしまいましたが、今再生可能エネルギーが総発電電力量に占める割合は一・四パーセントぐらいなんです。政府が示しているエネルギー長期導入見通しでは、二〇三〇年で二〇パーセントくらいです。二〇二〇年くらいのタイミングで電力システム改革が本格的に動きます。これまでの電力会社のシステムをいろいろ改革しようというのが、二〇二〇年からスタートします。それ如何でだいぶ、種々のエネルギーの比率は変わる可能性があります。この目標でも、まだまだ再生可能エネルギー比率は小さいのです。

再生可能エネルギーは、入口であるエネルギー取得は非常に難しいですが、出口としての電気は化石燃料や原子力発電などと一緒です。取得の難しいエネルギー資源を使える電気にするためには、それぞれの機器のコストダウンや不確かさを減らした安定的な電気の供給の実現といったことなどに複合的に取り組んでいく必要があります。また、これができて初めて有意義なものになると思っています。

よく太陽光については、一〇〇円から四〇円になり、二〇円になるというロードマップのコストの話が出てきます。風力も今は化石燃料と戦えるようになってきたとかいう話もありますが、たとえば化石燃料が今の一〇倍になったら、太陽光とか風力はコスト的にも、有用となるのですよね。そういう状況になっていくと、再生可能エネルギーのコストとか価値とは何だろうと考え始めると思います。

私たちは今、研究者としていろいろやっていますが、二〇二〇年なのか、二〇五〇年なのか、二一〇〇年なのか、どこをターゲットにして再生エネルギーの開発をしていくべきなのかという想いがあり、そのときコストの議論とは、どういう意味をもつのだろう?と考えさせられます。どのような世界を想像して、どのような状態にあることを前提に再生エネルギーを普及させようと思っているのかというところを考えなければならない。

つまり、不確実性の問題や想像力の問題を念頭に置きながら、どの順番で取り組んでいくのがいいのだろうかを考え、またあの手この手を使って再生可能エネルギーの価値を高めていこうという意識・工夫が大切だと思うのです。そして、大学研究者だからこそ、長期のスパンでものを考えていくことが重要ではないかと考えています。

自分の子どもたちが使うべき資源を消費している

私は、人間はエネルギーをムダに使いすぎているのではないかと思っています。オイルショック以後、家庭で使う電力量が二倍以上にもなったという話を聞いたこともあります。もっと節電する方向には進めないのでしょうか。エネルギーの供給が進めば進むほど、人間はダメになっていくという気がしています。


パソコンが充実してきているほか、圧倒的と言われるのは冷蔵庫ですね。一人当たりの冷蔵庫使用量が大きくなっています。とある先生がおっしゃっていたのですが、「人間の欲求は、絶対継続的に伸びていく……」と。であるならば私は、節電には限界があると思っています。

ただ、学生たちには、「今、使っている電気が誰のものかを考えたら、ちょっと使う気が減るよ」という話をしているのです。「化石燃料で発電しているものならば、自分たちの子どもたちが使うべき資源を使っていることになる。少し節約をしたら、二〇年、あるいは五〇年、その化石燃料がもつかもしれない。そう考えたら、君たちはエネルギーをどう使う?」という話をするのです。

こちらが一所懸命、一方的に節電を訴えてもおそらく伝わらない。それよりも、一人ひとりに考えさせて、自分がどうしていくかを考えていくべき問題かなとも思うのです。

日本の場合はとくに、一つのエネルギー資源に頼ることができないので、エネルギーの多様性が重視されています。どこかのエネルギーが欠如したとしても、ほかのエネルギーで代替できるという発想が必要なのです。とくに再生可能エネルギーはそうです。太陽光がないときに風で発電するというように、リスク対策も含めて、多様性のあるエネルギーを国も重視していますし、するべきだと思いますね。

今後は、どのように研究を展開していかれますか。また、これからの電力の世界を、どのように変えたいとお考えでしょうか。

取り組みたいテーマはいっぱいあります。現在取り組んでいる再生可能エネルギーを中心に、使えるエネルギーをつくっていかなければならない。そして、その中で出てくる課題を適切に解決していかなければと考えています。自分だけではなく、総合力で戦わなければいけない分野なので、新しいものにどんどんチャレンジしていきますよ。

自分の専門分野に限るというよりは、目的のためには手段を選ばず、課題を解決していくというスタンスなので、そういう課題を見つけてどんどん解決していきたいと思います。そのためには先端技術が必要なので、探究と、先端技術の活用を、うまくミックスさせていくことが重要かなと思っています。

これからの電力の世界をどう変えたいか。それは、非常に大きな話ですね。世界をこう変えたいというよりは、孫や、その先の世代まで適切なエネルギーをちゃんと維持できるような使用方法を考え、発電システムを開発していきたいです。

現在のエネルギー計画では、二一〇〇年にはもうエネルギー資源が枯渇してしまいます。化石燃料はとくになくなってしまうのです。燃料の枯渇を、どれくらい先まで延ばせるかによって、子や孫の世代の子どもたちが、今のように快適な生活を送れるかが変わってきます。その時代の子どもたちに、「あの時代に余計なことをしたから、今こんなことになっているんだ」と言われないようにしたい。逆に、「あのとき、再生可能エネルギーの研究を頑張ってくれたから、今の時代にも、まだ化石燃料を使うことができるんだ」と思われるような、そういう研究につながるといいなと思います。

私の中では、結果的にはすべてがつながり、ここまで来ました。最初に飛び込んだときには大嫌いで、どこが面白いんだろう？と思っていた世界に、何十年か後に入ってきたのです。

すべての経験の集結としての開発

経験による創造

浜窪　隆雄

Takao Hamakubo

浜窪隆雄
教授、医学博士

1975 年 東京大学理学部卒業。1982 年 京都大学医学部卒業。京都大学医学部附属病院医師、京都大学医学部助手、バンダービルト大学医学部助手、京都大学化学研究所助手を経て、1996 年 東京大学先端科学技術研究センター助手、1997 年 同講師、1999 年 同助教授、2002 年より現職。

著書:『考える血管』(共著、講談社ブルーバックス 1997)、『新機能抗体開発ハンドブック』(監修、エヌ・ティー・エス、2012) など。

夢を描いて研究者を目指し、茨の道で情熱を持ち続けることはそう簡単ではない。夢を二つも持っていれば、なおさらだ。
アナログな酵素学から分子生物学、遺伝子工学への変遷・変換の時代の中で何度も舵を切り直し、人と出会い、夢から離れそうな研究が架橋された。

病気を治したい——数学から医学へ

東大の理学部数学科を出たにもかかわらず、なぜ医学部に進み、また「病気の原因を探って薬をつくる」ようになったのでしょうか。その経緯をお教えください。

子どものころの私は、小説が好きな文学少年でした。それでいろいろと本を読んでいくうちに、基礎的な数学の本に遭遇し、「記号論理学」を知り、面白いと思いました。記号論理学というのはコンピュータ科学の基礎になっている学問ですが、これを大学で学んでみたいと思い数学科へ進学したのです。しかし、記号論理学は数学科にはなく、実は哲学科にあるということを数学科へ行ってから知りました。

数学科では幾何学（トポロジー）を勉強しましたが、優秀な同級生を見て「自分の数学の才能は新しい数学を作っていくところまでは難しいな」と感じました。一方、トポロジーの世界では、急激な変化によって物事が不連続的に移りゆく様子を数学的に表す「カタストロフィー理論」がフランスで起こっていました。

少年時代、本を読む以外に好きだったのは生物で、中学では生物部に所属していたというようなこともあり、そのトポロジー理論を使えば、生物の形態の劇的な変化、たとえばなぜある細胞が筋肉細胞になったり脳細胞になったりするのかというようなことを記述できるのではないかと、学部生時代に興味を持っていました。

そこで医者の道に進もうと決め、京都大学に行ったのです。今は学部を卒業して医学に転向する方も多いようですが、私の時代は珍しかったですね。生物化学ではなく医学の道に進もうと思ったのは、職業的な理由で親に勧められたということもあります。

医学部卒業後は医者になろうと、内科の研修医になったのですが、これも人生の大きな転機でした。普通の市中の病院でも研修できましたが、大学病院を選んだのはたまたまです。大学病院で私が受け持つ患者さんには、重症な方が大勢いらっしゃいました。白血病の患者さんに、たまたま京都大学大学院の物理学の博士課程の学生さんがいて仲良くなったのですが、私が研修医の間に亡くなりました。

今では白血病にはいくつかの有効な治療法がありますが、当時はありません。抗がん剤を毎日点滴し、激烈な副作用のある薬で苦しんでいる患者さんの様子を見ていて、臨床というのは一般的な治療法から外れたことはできないのだな、ということを感じていました。ひと通り、レシピみたいなやり方があって、それをルーティンでやっていく。少しずつは変えていくけれど、そのレベルしかできない。そのうち「臨床をずっと続けていては、患者さんを治すことができないんじゃないか……」と悲観的に考えるようになっていきました。

いろいろな先輩の医者に聞くと「治す薬をつくりたいのであれば、医学の世界ではよく言われる〝基礎に飛び込む〟んだ」と助言されました。医学では九九パーセント近くの人が臨床医になります。数パーセントの人だけが基礎医学を研究し、そこで病気の原因を探ったり、病体を研究して治療につなげる研究を行っています。

今では分子生物学があり、臨床もやりながら研究を行うことも可能になってきていますが、当時は遺伝子工学は黎明期で、一般的な研究領域ではありませんでした。DNAの場合はサンプルをそのまま置いておくことができるので、遺伝子工学や分子生物学的な研究であれば、割と時間はとれます。

しかし当時は、酵素学＝タンパク化学というやり方で、実験の手は止められませんでした。昼間は臨床をやり、夕方から実験をしてということができないアナログな時代だったんです。実験をやりはじめて手を止めたらサンプルがダメになってしまうから、途中では止められない。だから基礎研究をしたいなら病院で臨床をしながらちょこちょこっと基礎を研究するのではなく、本格的に「飛び込む」必要がありました。

後にアメリカに留学したのですが、実はアメリカでは当時でも割とさまざまなスタイルがあって、半分臨床をやり半分基礎をやる、あるいは数年基礎をやってから臨床に帰るといったバリエーションが可能だったのです。しかし私のときは、まさに「飛び込む」という表現がぴったりな時代でした。

すべてのはじまり、プロテアーゼ

そういう医学研究の中で、プロテアーゼの研究を中心の一つにされてきましたが、プロテアーゼとはなんでしょう。またなぜそれを研究の中心テーマとされてきたのでしょうか。

プロテアーゼとはタンパク質のペプチド結合を切断して、最後はアミノ酸にまで分解する酵素のことで、よく知られているのは膵臓から分泌されるトリプシンなどの消化酵素です。体の中で働くものとしては、異常があると血がとまらなくなる血液凝固因子が有名です。最近ではエイズなどのウイルスの増殖に必要なプロテアーゼに対する阻害薬が開発され、有効な薬になっています。また、細胞の中でいらなくなったタンパク質を分解するプロテアソームという酵素は、その発見に対してノーベル賞も授与されましたし、現在では阻害剤ががんの薬になっています。

これを研究テーマにしたのは、たまたまです（笑）。基礎に行こうと決めたのはいいのですが、どこへ行ったらがんや白血病などの難病を治す薬をつくる研究ができるのかと考えてみると、これが意外と難しいのです。なぜなら、それを正面切ってやっている人は、まだそれほどいなかったのです。いくつか研究室を回って話をきいているうちに、たまたま教授とじっくり話ができた研究室が、たまたまプロテアーゼを研究している先生でした。私の人生、「たまたま」ばっかりな感じですね（笑）。

私はプロテアーゼについて知らなかったので、ストレートに「これを研究して、がんの薬はできますか？」と聞くと、その先生は「もちろんだ！」と。今から思うとだまされたような気もしないでもないんですけどね（笑）。

それは一九八三年、研修医の一年目が終わる頃です。京都大学では、遺伝子工学の沼正作先生や中西重忠先生などが目覚ましい業績をあげていた頃です。プロテアーゼの村地孝先生は、彼がそのとき見つけていたプロテアーゼ（細胞内カルシウム依存性プロテアーゼ：カルパイン）は「必ずやがんの薬になる」という信念を持って研究をしていたので、その研究室に入ると決めました。

現在の大学院生には、かなり明確なターゲットや目標を設定して、ある一定の期間、先端研の大学院（先端学際工学専攻）の場合だと三年で成果が出るような進め方を考えます。学生も、どうやったら論文が書けるのか？というところから実験を組み立てていきます。しかし当時の、少なくとも私のいた研究室には「プロテアーゼとがん」というテーマしかなく、やり方から何から、すべて自分で勉強したり誰かに聞いたりしてやらなければならない放任主義でした。試行錯誤の連続で、細胞の増殖やウイルス性発がんに結びつくようなデータはなかなか出てきませんでした。

その時期、たまたまスイスに、世界で初めて免疫組織化学をやり始めた人がいるので習ってこいという話があり、大学院二年のときにバーゼルのフリードリッヒ・ミーシャー研究所に六ヵ月間留学することになりました。そこで、自分が研究していたウサギの抗体を持って、当時の免疫組織化学の最先端である免疫電顕法を開発したアンドリュー・マートスという先生に習いにいきました。

免疫組織化学とは、抗原抗体反応を利用して、抗原物質が存在する特定の場所や抗原物質が現れる細胞要素を可視化する手法です。留学時は「プロテアーゼが記憶に関係している」という説をカリフォルニアの研究者たちが提出して大騒ぎしていた時期で、「それは君の持ってきた抗体が認識するプロテアーゼではないか?」ということになり、研究に入りました。ところが、研究で出てきたデータはカリフォルニアの説には否定的な結果でした。その論旨をまとめて *Journal of Neuroscience* という学術雑誌に投稿したものが私の学位論文になったのですが、ほかの人の研究を否定するような論文、しかもがんではなく神経の研究……。そう考えると、自分の発見が何か意味があると思いながらも、あまり晴れ晴れしい気持ちではありませんでした。

大学院を出ると、臨床検査部門の助手として病院の業務に関わりますが、自分としてはやはり

「プロテアーゼと病気がつながる研究をやりたい」と思っていました。そういった研究を探していたところ、当時アメリカで、ＥＧＦ（Epidermal Growth Factor：上皮成長因子）を見つけてノーベル賞を受賞したスタンレー・コーエン教授が「細胞の核の中にプロテアーゼがあり、細胞分裂に関係している」という論文を出したんです。この研究をやりたい！と思い、コーエン教授に何度も手紙を出したのですが「大学院生はとらない」という返事でした。

そうしているうちに、コーエン教授と同じバンダービルト大学にいる日本人の先生が学会で来日した際にお会いできて、コーエン教授はどんな先生か聞いたところ、「彼は変人である。大学院生はとってない。行きたければ紹介するけど、自分のところに来たらどうだ？」と言われました。それがバンダービルト大学教授の稲上正先生でした。稲上先生は、レニンという高血圧症の原因と考えられていたプロテアーゼを精製して有名になった方です。

レニンの研究、高血圧症の研究もがんとは直接関係していないけど、コーエン教授もいるしとアメリカへ渡ると、「もうレニンの研究は終わった」といわれ、やることがない（笑）。「いや、僕はプロテアーゼの研究をしに来たんです」というと、「今、高血圧についての研究では、ナトリウム―カリウムポンプを阻害する高血圧物質なるものが身体の中にあり、その精製に全世界が総力をあげている状態なので君もやりなさい、これが見つかったらノーベル賞ですよ」と言われ、研究を始めましたが、その物質は別のグループが発見しました。結局、アメリカにいた六年くらいのうち、その研究で三年くらい潰してしまったんです。

アメリカでは、がんの研究はまったくできず、「やっぱりがんの研究をしたい」と京大化学研究所に戻ってきました。そのときに児玉龍彦先生が先端研の教授になられて、「コレステロールの調節酵素がプロテアーゼであることをアメリカの学者が見つけたのでそれを精製してほしい」と先端研へ誘っていただきました。児玉先生とは実は中学からの同級生で、動脈硬化症という、やはりがんとはちょっと違うものでしたが、やっとプロテアーゼと病気の接点ができた！と二つ返事で先端研に来ました。それが一九九六年です。

システム的視点への気づき

プロテアーゼを中心に研究を進める一方で、システム的なところにも一方の中心があるように思います。システム的な視点・研究の医学における重要性についてお聞かせください。

アメリカで高血圧症の研究をしていたころに、遺伝子の異常が病気の原因と考えるメンデル型をもとにしたリンケージアナリシス（高リスクの家系において疾患の発生パターンを追跡する遺伝子研究）で原因遺伝子を特定しようという試みが世界中でなされていました。

アメリカのユタ州には、何世代にも亘って定住し、また宗教的な理由で詳しい系図を残している研究に最適な集団があって、そこでの研究でかなりのことがわかったのですが、がんや糖尿病、高血圧などに関しては、これが原因なのではという候補遺伝子は出てきても、それだけだとほとんどの症例では説明がつかない状況でした。

そこで出てきたのが、「量的形質（quantitative trait）」という考え方です。「遺伝子を見つけると病気の原因がわかる」という方法でかなりのことが明らかになりました。しかし、がんや糖尿病、高血圧症などでは原因らしきものが一つ出ても、それだけでは説明できません。多数の遺伝子が組み合わさって起こっており、それぞれの寄与率が何パーセントなのかもわかりません。このようなとき、どのような遺伝子解析をすればいいのかという問題です。

そのとき、「あ！ これは、不連続なことが発生して予測が困難、簡単に解は出ない、数学の〝非線形〟ではないか」と直感しました。原因が特定できない難病は、システム的な考え方、つまり非線形、非平衡の考え方を取り入れて解析する方法を立てないと、病気の原因と考えられる一個の遺伝子を見つけることだけでは解決しないのではないかと思ったのです。

これは動脈硬化症の研究でも同じでした。細胞内のコレステロールを調整している酵素は見つけられるかもしれませんが、どうやって動脈硬化症になるのかは一個の遺伝子では説明できません。細胞内のコレステロールを調節する酵素が見つかっても、なぜ動脈硬化症から心筋梗塞になるのかはわからなかったんです。本当に有効な治療法を確立するには、還元論的な見方から、もう一度再構築するようなシステム的な見方が必要になります。

行き詰まった時期に児玉先生と「別の方法……複雑系の考え方で、遺伝子一個一個ではなく多数を一気に見てみよう」と話し合いました。今でも覚えていますが、ドイツ出張中、ハイデルベルクの哲学の道を歩きながらでした。

すなわち、生命現象というのは単一の要素だけではわからない。要素を組み上げる構成論が重要で、すべての関連する遺伝子やタンパク質などを明らかにする、というスタイルをとるということにもなると思いますが、そんなことができるのでしょうか？

ちょうどやり方を考えていたときに、ＤＮＡ／ＲＮＡチップ[1]がアメリカで開発されました。分化に関係する遺伝子調節を見てみたいという気持ちがあったので、ＤＮＡ／ＲＮＡチップを使って、現れる遺伝子のメッセンジャーを網羅的に解析したら、遺伝子の暗号がどのように読まれているかが見えてくるのではないかと思いました。

当時の先端研で、二木鋭雄所長がそういった先進的な研究にすぐに理解を示してくださり、何億円というＤＮＡ／ＲＮＡチップ装置を導入してくれました。一回の解析で一枚が五〇万円くらい、全遺伝子で二〇〇万円くらいかかる時代です。当時は生命系の研究でそんなに大きな予算は考えられなかったのですが、先端研には工学系など大きな予算で装置を開発するプロジェクトもあって、そういう解析も可能だと言われました。

ＤＮＡ／ＲＮＡチップの実際の解析はゲノムサイエンス分野の油谷浩幸教授がやってくださっ

たのですが、私たちは、その後導入できた質量分析計を用いたタンパク質複合体を一気に解読するプロテオミクス法を開発することができました。

一つひとつのタンパク質の性質を調べるような、これまでの生化学の視点から離れて、全体の中で複数のタンパク質が様々に集まって変化している様をとらえ、それらの変化が持つ意味を解明し、どのように機能し影響を与えるかという構造の研究、今でいう「プロテオミクス」なら、何かが見えてくるという期待がありました。

これなら、究極の解には到達できなくてもある種の部分解への糸口は捕まえられるかもしれないという期待がある一方、そもそも数学的には解けないということも予想できます（笑）。数学的な解がないという状況の中、生物学で何ができるのか？　それは、やってみないとわからないのです。

理論や計算で解けない中で、どのように答えを見いだそうとするのですか。

正直なところ、結局、今でも答えはありません。第一歩として行ったのが、がんによく発現す

1　ＤＮＡチップ：ターゲットに含まれる塩基配列の決定、遺伝子変異の解析、遺伝子の発現量・コピー数の測定、およびメチル化状態の解析といったＤＮＡ、ＲＮＡの多様な状態を解析することができるチップ。

る「膜タンパク」をオーミクスデータから抽出してその抗体をつくり、抗体治療を行うことでした。病原体である「抗原」を「抗体」で標識し免疫細胞に攻撃させ、ピンポイントで治療する抗体医薬の開発です。

「膜タンパク」は細胞などの生体膜にあり、物質の取り込みや情報伝達など非常に重要な機能を担っているので、がん細胞に発現する膜タンパクは、がん治療薬の宝庫なのです。私の担当は、その膜タンパクの抽出方法と抗体をつくることでした。実は、コレステロールの研究中、偶然に抽出方法を発見したのです。それが二〇一〇年に特許を取った「バキュロウイルステクノロジー」です。この発見も、たまたまのようなものかもしれません。

研究の中で「そもそもコレステロール（脂）の濃度を感知するタンパクとは何だ？」と考えたとき、これは膜タンパクに違いないと思ったんです。しかし、膜タンパクの構造を解くなんていうのはノーベル賞級の研究で、我々みたいな初心者にはできるわけがありません。そんな話をしているうちに、日本でチトクロムC酸化酵素の結晶化に成功した月原冨武先生（大阪大学蛋白質研究所教授、蛋白結晶学）を紹介いただきました。

児玉先生とともに月原先生を訪ね、昆虫に感染するバキュロウイルスを使った膜タンパク質の調整法を教えていただきました。手引書を片手に年末も関係なく研究を続けていた一二月三一日のことですが、培養液中に膜タンパクが結構大量に出てくることに気づきました。

通常は、目的の遺伝子を導入したウイルスを昆虫細胞に感染させて、その昆虫細胞で生産される膜タンパクを回収するので、培養液は捨てるのです。しかし、培養液の中に膜タンパクが大量に出てくるのであれば、精製が簡単なため、捨てる必要はないことになります。この不思議なデータをバキュロウイルス発現システムの草分けでいらっしゃる松浦善治先生（当時国立感染症研究所）にお見せしました。すると、「これはウイルスそのものです。ウイルスにも遺伝子導入した外部由来の膜タンパクが出るんですね」、「これは発見ですよ」とおっしゃられました。

ネットで調べたら、カナダのモントリオール大学のブービエ教授のグループがアドレナリン受容体を使って、バキュロウイルス上に膜タンパクを発現したのを確認した報告がありましたので、正確には二番目でした。しかし、ウイルスのエンベロープは、発芽する際に被る宿主細胞の細胞膜なので、細胞膜にあるアドレナリン受容体があるのはむしろ普通に考えられます。

これに対して、私たちがみつけたコレステロール調節に関わる膜タンパクは、細胞膜ではなく細胞内にある小胞体と呼ばれる膜構造にあるものです。小胞体の膜タンパクが、ウイルス上に発現して回収できたというのは、おそらく特許を取得できると言われました。ちょうど先端研にCASTIという特許を扱う部門ができたところだったので、相談して特許を申請しました。

次に、この技術を使って「抗体医薬でがんの薬をつくろう」ということになりました。抗体医薬のアイディアは一九八〇年代にはすでにあり、「ミサイルショット療法」と呼ばれていました。がんの細胞を抗原にすると、それに対しての抗体ができる。その抗体をとってきて治療に使うというアイディアが流行っていた時期がありました。しかし、これがなかなか難しく、がん細胞のみに得意的な抗体がとれなかったこともあり、下火になっていました。しかし、ちょうど中外製薬さんも抗体医薬の研究をスタートさせていたところだったので、一緒にやりましょうということになりました。

ここでようやく、私はがんにたどりつけたのです。

生命現象の解明に挑む場合、システム的な考え方をしなければいけないということはもちろんあります。ただ、気休めのようなところもあるかもしれないですが、「出る杭は打つ」的な治療法もそれなりに効果があると考えています。一番悪いところだけを叩いてやれば、自分で治す力が人間には備わっているので、あとは個人の回復力にまかせるのです。人間はほぼすべての抗原に対して抗体をつくることができます。侵入した抗原の応急処置をする自然免疫のタンパクがあるのですが、これと並行して「獲得免疫」という機構が働き、二週間くらいで抗原にピタッと一致する抗体というものもつくられるのです。すべてを薬で叩くのではなく、こういう考え方を取り入れた治療も可能ではないでしょうか。

そのためにはまず、出る杭は打つ的に、悪い原因となる候補を見つけることが必要です。すべての因果関係をシステム的に理解するのは難しく、なかなか完全な理解に到達しないかもしれません。到達するためのデータはそこから得られるだろうけれども、病気や生物の生命現象そのものを完全にシステム的に記述できるようになるのは、いつになるのかわかりません。すぐには解決できないのではないかとも思います。

ただ、私の中では、結果的にはすべてがつながり、ここまで来ました。プロテアーゼを主体としたタンパク化学的研究が必ず根源にあって、そのなかから、初心というか最初に目指した「がん」に戻ってきた。その帰着が抗体医薬なんです。

すべての経験は生きる

すべてがつながって、今後はここから何を求めていかれるのですか。

私は数学をやってから医学へ移ったわけですが、特に数学を活かそうとは思っていませんでした。医学部の知識をいっぱい詰め込み、その前に入れた数学の知識がなくなってしまうような気すらしていたので、数学を活かすことはもうないだろうと思っていました。しかし、その後大量のデータを一気にとるという方法などが登場してきて、数学が重要な時代に入っていくのではないかという予感はしていました。

二〇〇〇年に、ヒトの遺伝子が全部読まれました。ある意味そこで、「遺伝子の時代」というか「ＤＮＡをシークエンスする」ことで新しい発見がある時代が終わったのです。すると、その先の段階で現れるタンパクやタンパクの多様性などが重要になって、結局タンパク化学に戻るということが予感されます。それから、多数分子の総合体といった類いの対象を解析していかなければならない時代に入っていくとも思います。

先ほどお話しましたが、人間の身体はほとんどすべての抗原に対して二週間くらいで抗体をつくることができるのです。この不思議さを考えだすと、本当に面白いです。抗体がどのように抗原をつかまえて認識しているか、違う抗原にくっつかないのはなぜなのかを考え始めると、タンパク質のアミノ酸側鎖がどのように相互作用しているかまで見ないといけません。

これについては、「コンピュータで計算したら見えるのではないか?」と思い、JAXA(宇宙航空研究開発機構)のセキュリティ・情報化推進部の所長をやっていた数学科時代の友人に何年も前から相談していたのですが、「今のスパコンの性能では、目的に合ったスパコンを作るところから始めないと難しい」と言われました。

ちょうどそのとき動き始めた最先端プログラム(FIRST)の九〇億円の大型プロジェクトに児玉龍彦先生を中心として申請してみたところ、運よく通りました。コンピュータシミュレーションで抗原と抗体の構造を解く、これはタンパク化学の世界です。最初に医学の世界へ入ったとき「どうやってプロテアーゼでがんの薬をつくるんですか?」と訊いた先生の大好きだった世界に、何十年か後に自分が入ってきてしまった。最初に基礎に飛び込んだときには「間違ったところに飛び込んじゃったかな……」と思い、当時は大嫌いで、どこが面白いんだろう?と思っていた世界です。

シミュレーションで、特定の部分を変えることで構造的に変化が起こるはず、というような推測はまだ難しいんでしょうか？

アメリカのT・E・ショーという人の率いるグループが、インフルエンザウイルスに対する抗体の研究をしています。彼らは、インフルエンザにかかった患者さんのリンパ球から抗体の遺伝子をとってきて、どういうリンケージで分子進化しているかを調べ、シミュレーションでどこにどのような変異を入れると、機能がどのように変化するのかという研究を進めています。ただ、そこからこの抗体に対してどのようにアミノ酸を入れ替えれば抗原にぴたっと合う抗体ができるのかを予測するモデル解析まではまだ至っていません。

しかし、これはすごく面白く、「世界が見えてきた」という感じがします。自分でやったわけじゃないですけど（笑）。世界には、私が考えたのと同じようなことをすでにやっている人がいたのです。完全な正解にはたどり着かないかもしれませんが、コンピュータシミュレーションというひとつのテクニックを使って解決を探るという試みは、この先もずっと続けていきます。

浜窪先生が数学のバックグラウンドを持ちながら、今まであまり活かせなかったことが、ようやくできるようになったのは、スパコンの計算能力が上がってきたことが大きいのですか。

そうですね。コンピュータの発展もすごく速く、状況がガラリと変わりましたよね。私が数学をやっていた当時に大学の情報基盤センターにある大型コンピュータでやっていたような計算は、今はパソコンでも実行可能です。

あとは、先端研という環境が自由な発想を育んでくれたこともあります。医学部にそのままいたら、おそらくできなかったと思います。場所が駒場で数理科学研究科が近いということも思い出すきっかけにはなりましたが、大きいのはいろんな人と交流ができることです。何よりも、先端研に来て一番面白いのは、私の、夢みたいな、それこそ夢物語を私が言ったときに、みなさんが「やればいいじゃない」とおっしゃってくれることです。境界型の研究に対する理解やそれを行う土壌があって、否定的な意見をほとんど言われないのです。

コンピュータで抗原抗体を研究するということを、私は外のいろんな先生に言いましたが、「まぁ、知らないからそういうことを言うんでしょうね」とかなり笑われました。先端研の中では「おもしろい、やってみましょう」と言われたのに、ですよ。

先端研では今後、何を目指していくのですか。

やり残した抗体医薬を完成させるということ、それから計量生物医学という分野をしっかり拓きたいという思いがあります。今までのやり方では行き詰まるようなときに、どのように計算したらいいのか、生物学に数学や物理学がやっと使えるようになってきた時代なので、正確に測定し計算に持ち込むといった、いままで生命現象で見落とされている部分に切り込みたいです。何か、新しい意欲のようなものが溢れ出してくるんです。この年齢になっても、どんどんと。あと四年という時間を考えると自分が答えを出せるとは思っていませんが、そういう問いを持ってやっていきます。

サイエンスも、はじめに答えありきで結果を決めてかかると、新たな発見や問いを見つけるチャンスを逃します。けれど、試してみるということによって、はじめに想定されていなかったものに出会うことができます。こうして明らかにしていくのが本来のサイエンスなのですから、それをやりたいし、そういう経験を若い人たちにもたくさんしてもらえるといいなと思っています。

若い助教をとられて、研究室にとどめるのではなく、海外に積極的に派遣されています。これはどういうお考えからでしょうか。

やっぱり、若いときにちがう文化を経験するというのはすごく重要で、私もたまたまスイスやアメリカに行きましたが、そこで「科学する」ということの姿勢が日本人と違うことに衝撃を受けました。ですから、ヨーロッパの持っている文化であるとか、アメリカの持っている精神であるとか、そういうものも含めて若いときに経験しておくのは、研究においても人生においても重要なことだと思っています。

ただ、現在は受け入れ先の財政の問題などもあり、なかなか難しくなっているのも事実です。大変ありがたいことに、私は富士フイルム基金という支援をいただけたので、自分の研究室の中で海外に行っても通じる力を持った人や、海外で研究することでワンステップもワンステージも上れそうな人に行ってもらうようにしています。

ぜひ、若い人へのメッセージをいただけると。

なにかのインタビューを受けたときにも調子にのって言ってしまったんですが、「単純な夢を持ちましょう」と伝えたいです。私たちが小学生のときは高度成長期で、本当に単純に、ロボットが面白そうだとかロケットがすごそうだとか、そういう単純なきっかけで研究してみたいと思いませんでしたか？

ところが今の若い人たちは、最初から環境破壊やゴミ問題、種の絶滅の問題だとか、ネガティブなことばかり小学校から言われて、なんか単純な夢が持てなくなっているんじゃないかと心配で。もちろんそういう問題は考えていかなければいけないんだけれども、純粋に、自分がこんなことをできたら面白いな、というような……。若い人は難しいことを考えずに、まず最初は単純な夢を追いかけてほしいなと思います。研究も、遺伝子が解読されたから終わり、じゃないんです。これが始まりで、今までになかったさまざまなサイエンスが出てきます。面白くなるのは、これからなんです。

やはり研究は絶対に一人ではできません。他の人たちの先行研究があり、そういう人たちと議論しながら進めているうちに、このアイディアに至ったのです。

先行研究と議論の結実

逆転による創造

中村 泰信

中村泰信
教授、博士(工学)

1992年 東京大学工学系研究科修士課程修了。1992年 日本電気株式会社基礎研究所研究員、2001年 デルフト工科大学客員研究員などを経て、2012年より現職。2014年より理化学研究所創発物性科学研究センターチームリーダー兼任。1999年 仁科記念賞、2014年 江崎玲於奈賞ほか、受賞多数。

一九九九年に発表された『超伝導量子ビットシステムの研究』は、それまで不可能と思われていた量子振動を、世界で初めて固体デバイス上で観測した。その研究分野では後発だったにもかかわらず、なぜ、世界の研究者がこぞって引用する研究成果を出すことができたのか。

量子力学の二〇世紀

専門とされている量子力学についてお聞かせください。一般には大変難しいものと思われていますが、そもそも量子力学とはどのように作られ、発展してきたのでしょうか。

量子力学の歴史は、二〇世紀初頭から始まります。その頃は実は「ニュートン力学とマクスウェルの電磁気学で、世の中すべてが説明できる。もう物理にはやることがない」と言っている人もいました。しかし、原子のようなミクロの世界の物理に関する実験が進むにつれて、わからないことがだんだん積み重なってきました。

最初に出てきたのは、プランクの輻射則についての問題です。鉄鋼炉の中の融けた鉄の光り具合から温度を計測するという問題で、理論と合わないところがありました。ここからでてきたのが光の量子の理論で、そのあとのアインシュタインの光電効果の理論へとつながっていきます。

そして、一九二五年ぐらいにシュレーディンガー、ハイゼンベルク、ディラックといった、その当時の若手研究者が中心になって、二、三年の間に量子力学の理論体系を作り上げてしまいました。これが最初の大きなステップというか、立ち上がりです。この時代について書かれた、科学史のような一般向けの読み物がたくさん出ています。そういう本を読むと、なんか当時のワクワク感というか、熱いものがとても伝わってきます。当時はコンピュータもEメールもなく、みんな手紙だけでやりとりしているのに、そんなスピードで研究が進んだのは驚くべきことです。

一九四〇年代、五〇年代は、それをいろいろな分野で発展させた時代です。固体物理の分野でも量子力学がどんどん応用されていきました。トランジスタが発明されて、エレクトロニクスが発展し、その後のレーザー、光通信、フォトニクスといった技術はすべて量子力学を基礎として立ち上がっていったと理解していいと思います。だから二〇世紀は、その初頭に量子力学が生まれて、そして量子力学で物理のすべてが変わっていった、というか生まれ変わっていった世紀と思っています。

私が取り組んでいる量子情報科学は、二〇世紀の終わり頃に芽生え始めました。量子力学は普遍的にいろいろなことを説明できて、いまだに反証は見つかっていない理論体系で、すでに広く応用されていました。しかし、その量子力学の原理自体をあらわに使うと、さらに優れた情報処理を実現できるということに気づいたのが、ファインマンたちです。二〇世紀の終わり頃にそういう話が出てきて、量子情報科学が急速に立ち上がってきました。

二〇世紀は「量子力学が生まれ育った時代」だったわけですが、二一世紀は、今度は「それを、いかに有用に使うかという時代」になればいいなと思っています。

量子力学から超伝導へ

研究のもう一つの中心タームは超電導だと思いますが、超電導に至ったのはどのような経緯からでしょうか。まったく別の分野に見える量子力学と超伝導が、どうやってつながったのでしょうか。

学生のときに研究していたのが、高温超伝導体です。一九八七年に、いわゆる高温超伝導フィーバーというのがありました。私が大学四年生で大学院に進学したのが一九八九年なので、超電導フィーバーの余韻がまだ冷めやらぬ頃でした。研究室に入り、新しい超電導体を探すんだと、一所懸命原料の粉混ぜをしました。修士学生になっても高温超伝導の物性の研究をしていましたが、そんなときに輪講の授業のために、たまたま読んだ論文が今の研究につながったのです。

高温超伝導ではなく、ちょっと違う分野の勉強をしようかなと思ったんですよね。当時、メゾスコピック系（ミクロとマクロの中間）の物理、すなわち、原子・分子のスケールとわれわれの目に見える日常生活のスケールの間の領域で、新しい現象が見えてくるという話が少し盛り上がっていました。その頃、日本は半導体産業においては、もう世界一、ジャパン・アズ・ナンバーワンの時代で、日本企業はものすごい実力を持っていたんですね。微細加工の技術を使って、サブミクロンスケールの、今で言うナノテクノロジーの走りにあたる研究がたくさん展開されていて、そういった領域で新しい物理現象が見えてくるという話でした。

その授業で紹介した論文も、1ミクロン以下のサイズの微小な金属のループを作ると、それは超電導体ではないにもかかわらず、量子効果のせいで永久電流が流れるというような内容で、不思議だなと思って勉強したのです。

そこで量子力学と超伝導がつながるわけですね。しかし量子という一番小さな世界から、本当にメゾスコピックなレベルを説明できるのですか。

実験の面白いところですが、最初は誰も予期しなかったことがいろいろ起こりました。それをみんなで一所懸命考えて、だんだん理解していったというのが正しいと思います。量子力学で説明することは、あとから考えればですが、できます。

ナノとは、もちろん典型的にはナノメートルの世界を指します。長さのスケールは、光で言えば波長のスケールです。エネルギーは波長の逆数なので、当然エネルギーのスケールと直結しているということが一番重要なコンセプトです。だから、長さのスケールとともに何かのエネルギースケールが変わると、クロスオーバーが起こって新しい現象が起こりうる。それがナノ科学のおもしろいところなのです。

今、知られている限りでは、量子力学というのは普遍的に、微小な世界でも、巨大なスケール、たとえば宇宙のサイズでも成り立つべき法則です。ただし、サイズが変わると、そのことによって異なる物理現象が見えてきます。どのエネルギースケールに注目し、何と比べて現象を理解するかということが重要で、これは物理の普遍的なアプローチなのです。

エネルギースケールの違いによってまだ解明されていないことがあるけれど、基本的には量子力学の原理に基づいて説明できるということですか。実際に研究を進めるうえではどんな工夫が必要になるのでしょうか。

閉じた系、すなわち自由度の限られた系を記述することが、われわれが量子力学で扱う一番簡単なやり方です。量子力学では、複数の状態が重なり合っている「重ね合わせ状態」というものが大事なのですが、これは基本的に閉じた世界でしか成り立たないのです。だから、それをいかに外乱によって乱されないようにがっちり守って、閉じた系の中で動かすのかというのが一番の鍵です。

しかし実際の世界においては、閉じた系というのはありえません。系は必ず周りのいろいろなものと相互作用しています。そのように開かれた系を扱わなくてはならなくなると、自由度は無数にあるから、問題が格段に難しくなってきます。だから、全体を理解して記述することは不可能で、ある程度切り捨てて、注目する部分だけの振る舞いを説明できればよしとします。

そして、理論的にも実験的にも、説明できる範囲を広げて、この部分だけはきちんと説明できる、きちんと制御できる、きちんと観測できる、そういうものを作らなければなりません。そのために必要なのが、周りをなるべく切り離す工夫です。

たとえば、気体中の原子や分子は、非常に周りから隔離されていると言えるので、量子力学での扱いが容易です。今私たちが取り組んでいるのは、量子力学と古典物理学の境界をそういう小さなスケールからだんだんと外に押し広げることです。つまり量子力学で説明できる、制御できる領域を広げようということです。

一番根本的なところで量子力学が働いていることは間違いないのです。ただ世の中が複雑につながった開放系である以上、すべてを量子力学的に解くのは不可能な話です。だから、どこまでの領域を量子力学に取り込めるかというのがひとつの勝負になっています。

曖昧な状態を制御するとは?

量子コンピュータも最近よくニュースなどで聞かれるようになってきました。ご専門の量子情報処理は「重ね合わせ」[1]状態をいかに制御するかがポイントということですが、重ね合わさった、という曖昧な状態を「制御」するということに、非常に矛盾を感じるのですが。

量子力学でよくある誤解は、不確定性があるせいで量子はあいまいな状態なのでしょうというものです。あるいは、0だか1だか訳のわからない状態になっているのに、なんでそれを制御できるの?などです。

アインシュタインの昔の有名な言葉で「神はサイコロを振らない」というのがあります。量子力学では、重ね合わせ状態とか、不確定性ということが言われるけれど、アインシュタインは「そんなことはありえない。神様は、ちゃんとどちらか決めているはずだ」というふうに言った

1 「重ね合わせ」状態とは量子力学のもとでのみ許される特殊な状態。たとえば、従来のコンピュータの中のビットの値が0または1をとるのに対し、量子コンピュータの中の量子ビットは、重ね合わせ状態として、0と1の状態を両方同時に兼ね備えたような状態をとりうる。ただし量子ビットを観測すると、重ね合わせは失われ、確率的にどちらかの値を返すとともに、その値に対応した状態に変化してしまう。

わけです。しかしそれはちょっと誤解があって、量子力学の重ね合わせ状態は、確率的などっちつかずなわけではなく、カチッと決まった状態なのです。だから、量子状態を制御するとか操作すると言っているのは、狙った通りにピチッと重ね合わせ状態を作るということなのです。

普通のコンピュータだったら0にするか1にするかという二つの状態しかなくて、そのどちらかに状態を制御しますが、量子力学の場合には連続的に変えられるのです。だから、どちらがどれだけの重みで重なっているというのをカチッと制御しなければならないということです。アナログのものを誤差なく動かさないといけないというイメージです。アナログコンピュータというのが昔ありました。歯車をぐるぐる回したり、電気式のアナログ回路で計算させたりするものですが、それと似たところがあります。連続量だけど、きちっと制御しないといけないのです。

量子計算の過程では、今お話ししたような重ね合わせ状態を作ってそれを操作するということをずっと続けます。大規模な量子計算をコンピュータ上で実現するためには、たくさんの量子ビット（従来のコンピュータのビットに対応）を対象に、たくさんの計算ステップを進めていかなければならないのです。ところが、今お話ししたように、量子の重ね合わせ状態は、どうしてもノイズの影響などにより、限られた時間のうちに乱されてしまうので、もうそれ以上正しく計算を続けることができなくなってしまいます。そこにエラー訂正もしくは誤り訂正という方法で、途中でエラーの発生を検出して、壊れかかった状態を直してあげます。そのような誤り訂正を実現すれば、壊れそうになる状態をどんどん修復しながら計算できるのです。

壊れるというのは、計算のエラーが少しずつ積もってくることに相当し、それをずっと続けているとますますエラーが重なって、とんでもない結果になってしまいます。誤り訂正とは、そういうエラーがほとんど起こらないうちに訂正してしまおうという考え方です。うまく訂正し続ければ、原理的には無限の時間、計算を続けられます。理論的には、そういう方法が提案されています。

量子計算が一九九〇年代はじめに提案されたとき、ロルフ・ランダウアー（当時ＩＢＭ研究所）という理論家は、「どんどん量子状態が壊れていってしまうのだから、大規模な計算は絶対できっこない」と言っていました。しかし、その後ピーター・ショア（当時ベル研究所）という研究者が、誤り訂正が実現可能なことを理論的に示して、原理的には永久に計算を続けることができると提案しました。これが非常に大きなブレイクスルーでした。その後も、さまざまな理論研究が進んで、改善された方法がどんどん提案されていますが、それを実現する実験はすごく難しくて、まだ端緒についたばかりです。あまり高い頻度でエラーが起きると修復のしようがないので、エラーが少しだけ起こる段階で修復しなければならない。しかし、現実にはあっという間にエラーが起こってしまい、なかなか修復できない。そういう技術的な困難を乗り越える努力がなされています。

一般のコンピュータが0か1かの2進法によって計算するのに対して、量子コンピュータでは、

0か1ではなく、その間の重ね合わせ状態を使って計算するということなのですか。なぜそれが、大規模なデータ処理や高速の演算につながるのでしょうか。

クロック速度という意味では、量子コンピュータはそんなに速くなく、その点で競っているわけではありません。計算のアプローチが全く違うのです。

普通のコンピュータにすごく複雑な計算問題を解かせたいとき、その問題のサイズが大きくなったら、その分だけ計算ステップを増やすか、コンピュータをたくさん並べて並列計算をさせるしかありません。そのとき実行できる計算量は、時間とコンピュータの台数に比例するので、計算問題の規模の拡大に応じて計算量が指数関数的に発散したりする場合には、このやり方だと対応しきれないのです。

しかし量子コンピュータの場合には、個々の量子ビットについて、先ほどの重ね合わせ状態というものを用いることができます。1ビットだったら二通りの状態しか重ね合わせられないですが、2ビットだったら四通りあって、3ビットだったら八通り、nビットあったら2のn乗通りの重ね合わせ状態が可能になるので、ビット数を増やすと扱える状態が指数関数的に増えてくる。つまり、指数関数に対して指数関数で対抗しようというアプローチといえるのです。

現状ではまだ、大きなサイズの重ね合わせのある状態を自由に作るということはできていないのですが、だんだんスケールアップはしてきていて、さらに大規模化を目指して研究が進んでいます。

マクロなスケールで量子の効果を見る

先生はその研究を一九九九年に大きく進展させましたが、そのときに何ができるようになったのでしょうか。また、それには何かきっかけなどがあるのでしょうか。

修士を修了して会社に入り、念願かなって、NEC基礎研究所でメゾスコピックの物理の研究というのをやらせてもらえることになりました。最初に関わった研究は、非常に小さな素子を使って電子一個一個の動きを制御する単一電子トランジスタというものでした。その素子には、アルミニウムの電極を用いていました。アルミニウムは低温にすると超電導になって、超電導体になると、今度は電子が一電子じゃなくて二個のペアで動く。その振る舞いがおもしろくて調べているうちに、その量子力学的な振る舞いが見えるのではないかということに気がついたのです。

その最初の興味は、そういう実験をすると、電気回路という原子の世界よりもはるかに大きい、人工的に作られた、ある程度マクロな系で量子力学的な振る舞いが見えるのではないかという点でした。それは私が最初に考えたわけではなく、一九八〇年頃から同様な興味が持たれていました。「シュレーディンガーの猫」のように、日常生活のようなマクロなスケールで重ね合わせ状態が見えないというのはなぜだろうというパラドックスがあり、それに一石を投じたのが、一九八〇年ごろになされた、超電導回路を使って、巨視的なスケールでの量子力学的な振る舞いを見ようという提案です。

これができたらすごいなと思って、九五年頃から実験を始めました。その頃の基礎研究所にはすごくアカデミックな雰囲気があって、そのような研究をさせてもらえたのです。私はその分野の研究においては、ある意味で後発で、またその頃はまだあまり今のように情報が入ってこなかったですし、海外とのコミュニケーションも限られていました。しかし、八〇年頃からそういうことを考えて先行して研究していた海外のグループの博士論文などを、何かのきっかけで入手して読ませてもらったりしました。これがとても勉強になりましたし、国際会議などに行って議論したこともすごく参考になって、日々に最初の時期のアイディアが固まり、実験がうまくいったという感じです。

だから、やはり研究は絶対に一人ではできません。他の人たちの先行研究があり、そういう人たちと議論しながら進めているうちに、このアイディアに至ったのです。国内にはその分野には人があまりいなかったので、競合する相手、共同で研究できる相手、また議論する人もそんなにおらず、どちらかといえば海外の人とたまに議論をしていました。それがよかったのかどうか、ガラパゴス状態ではすごくオリジナルなことを考えるわけです。

超電導状態になったときには回路上の電子がペア（クーパー対[2]）となって動くのですが、その重ね合わせ状態を作ろうと考えたのは、たぶん私が初めてではないと思います。ただ実験としてはなかなか難しくて、誰もできていなかったのですが、私がある意味テクニカルに地道に実験を積み重ねていった結果として、アイディアが生まれました。マイクロ波を当てたときのクーパー対のトンネル効果を調べているうちに、そこで重ね合わせ状態ができていることを証明する実験方法を思いついたのです。

量子力学的なシステムを作るための材料というか、ツールとして、超電導を使ったというのが一つのブレイクスルーです。私が実験で示すまでは、重ね合わせ状態は原子のスケールでは見えるけど、電気回路のような大きいものでは決して見えないだろう、原理的に見えないとは言わないまでも観測はできないだろうという一種の悲観論が、結構あったんです。だからこそ、私の実験が当時非常に注目を集めたわけです。

マクロで量子の振る舞いを見るというと、有名な「シュレーディンガーの猫」のパラドックスがあるかと思います。これは、何がパラドックスだと言ってるんでしょうか。また「シュレーディンガーの猫」のパラドックスに対して答えを出していなくとも、その状態を取り出すとか、制御するということができるものなのですか?

2　BCS理論（超伝導現象を量子力学的に説明する理論）における、逆向きのスピンをもつ二個の電子からなる対（ペア）。

パラドックスというのは言葉の綾というか……。実際にはパラドックスではないんです。量子力学の理論をそのまま適用すれば、猫が生きている状態と死んでいる状態が、重ね合わさっていてもおかしくないのです。しかし実際にはその状態を目にすることができないのが、非常に不思議だということです。それはシュレーディンガーの時代から何十年来議論されてきて、まだ最終解決には至らず、解釈問題になってしまっています。

量子力学的な「制御」自体には何も問題はなく、実は「観測」のほうが難しいんです。重ね合わせ状態を制御して、その状態を保つことができれば問題ないのですが、観測した瞬間に重ね合わせ状態が壊れてしまう。これが昔から議論されているところで、観測ということが何をしているのか、その結果どうなるのかということに対して、万人の納得する答えが出ていません。

観測結果によって世界が分かれてしまうという人もいるし、あるいは観測した瞬間に世界は観測結果に応じた状態に収束してしまうという人もいますが、これは、どうしてそうなるのかではなく、そうなるものですと言うしかないのです。

だから量子計算の場合は、観測というのは最後の最後だけに実行するのです。途中では絶対してはならず、答えを知るときだけ観測しなさいというのが、量子計算のあり方です。途中で観測すると、状態が決まってしまい、もう重ね合わせ状態ではなくなるので、計算ができなくなってしまう。決して途中で見てはいけないのですが、どんな重ね合わせ状態が計算されるかは理論的にわかるのです。

重ね合わせの原理は、数式で見れば非常に簡単ですが、人間は量子状態を認識できるようにはできてないので、一般の人だけでなく研究者でも感覚として理解することが難しいのです。シュレーディンガーの猫は、重ね合わせの原理の帰結を、ある意味極端に表現したものです。シュレーディンガーはその喩えを使うことで、量子の不思議を伝えたかったのだと思います。

それから超電導回路上で量子力学的振る舞いを実現するとき、実験装置の作製が重要だったということですが、研究において、やはり設備や環境は重要ですか。

今も当時も、非常に低温まで冷やせる冷凍装置が必要ですが、そういう装置を使える研究室はそんなに多くはありません。研究のために、やはり環境は重要です。しかしそれだけではダメで、環境に加えてさまざまな工夫を考えることが必要です。私は、マイクロ波を導入するという工夫、また量子の重ね合わせ状態は非常にノイズに弱いので、そこをいかに防ぐかについても工夫しました。

後にそういった工夫がどんどん進んで、今では私が最初に実験したときから量子状態制御の精度が五桁、六桁上がっているのには驚きます。これは予想以上でしたね。こうした工夫が私たちの分野では非常に重要だったと思います。

そして、何よりも続けることが重要です。やはり結果を出せず先が見えない段階で、これはもう駄目と思ってやめてしまったり、あるいは潰されてしまったりする研究は、おそらくたくさんあると思います。続けられたことが後の進歩につながっていきます。

だから、あまりあっさり見切りをつけて否定的なことを言うものではないですね。学生を指導する立場でも、学生がやっていることを「そんなの駄目じゃん」って、あまり迂闊に言ってはいけないと思っています。

量子コンピュータはすでにできている？

量子の世界ってわかりにくいですよね。キャンパス公開[3]など一般向けに研究成果を伝える場合、子どもたちや一般の方はこの世界のことがわかるものですか？

どこまで伝えられるか、正直わからないですね。量子力学は子どもたちの前でなかなか実験して見せられません。それが難しいところです。キャンパス公開の理科教室で教えるときも、磁石の不思議ですら説明するのは難しいですが、量子をテーマにして何を伝えられるのかというとさらに難しい。生物系のように、虫や動物を見せるみたいなことができると一番いいんですけどね。

量子コンピュータが世に出てくると、状況がすこし変わってくるのでしょうか。量子コンピュ

ータはいつ頃使えるようになりそうですか?

量子コンピュータは、カナダのD-Waveという会社ではもう製品化して一〇億円ぐらいで売っています。ちょっと方式が違うので、本当に量子コンピュータとして動いているのかという議論もまだありますが。その他にもGoogleが研究所を立ち上げたりして、アメリカでは今、量子コンピュータの研究に追い風が吹いています。

「京」コンピュータ、そして次の世代のエクサスケールコンピュータ[4]と言った高性能コンピュータの開発が日本で進められています。進歩はしているのですが、スーパーコンピュータはリニアに進歩しているので、指数関数的に発散する計算量には追いつかない。

それから、規模の大きなコンピュータは消費電力が大きいことも、重要な問題となっています。量子コンピュータを研究している人たちは、その点もどうにか解決したいと考えています。

3 先端研のある駒場リサーチキャンパスでは、年に一度、一般公開を行っている。

4 スーパーコンピュータ「京」の約一〇〇倍の計算スピードを持つ次世代コンピュータ。一秒間に、10の18乗回数の浮動小数点演算ができる。

量子力学と生物、そしてこれからの物理学

ところで、量子力学を活用している現象は、生物現象にもあるのでしょうか。

たとえば光合成です。葉緑素の中で光合成を起こす細胞では、量子力学が働いているというのが、数年前から盛り上がっているテーマのひとつです。

光合成では、いかに光を効率よく受けとるかということが重要ですが、どうやら自然界の細胞の中では、入ってきて吸収された光のエネルギーを九九パーセントという高効率で、きちんと化学反応を司る部位に届けているらしいということがわかってきました。そのエネルギー輸送の部分で、量子力学的な作用が働いているのではないかという指摘が何年か前にあって、実験でも非常に高いエネルギースケールの短い時間なのですが、一応量子力学的な振る舞いの証拠も見えるというような論文が出たのです。

他に聞いたことがあるのは、渡り鳥が、方向を認知するのにコンパスを持っていて、そのコンパスは量子力学的な効果を使って微弱な地磁気を検出するという話です。

ただし量子力学の効果は一般にはすごく繊細で脆弱なので、生物の中の環境下で、量子力学をうまく活かすというのはなかなか難しいとは思います。

物理学は今後どういう方向に向かうのでしょうか。ニュートン（力学）、アインシュタイン（相対性理論）、量子力学という展開があって、この先はもうないのでしょうか。

それは誰もわからないです。一九世紀の終わりには、もう物理学者はいらないとまで言われていたところで、量子力学が生まれました。量子力学は、今はアインシュタインの一般相対性理論と物理理論の双璧になっていますが、その二つを統一する理論を記述することには、まだ誰も成功していません。だから、今後の展開として何か新しい分野が出てくるということはありうるかもしれません。そして、何らかのかたちで重力理論と量子力学が統一される可能性はあります。ただ、極限までいってしまうと使いこなすのが大変なので、テクノロジーになにか新しいインパクトをもたらすかというと、難しいかもしれないですね。でも物理のロマンとしては非常に大きなテーマです。

先端研の残りの任期六年間で、何を目指しますか。

超電導量子コンピュータもその一つですが、量子物理工学として、量子力学をさらにエンジニアリングのほうに展開させたいです。量子力学の原理そのものが応用に使われている例はまだ数多くはないですが、これから期待されているテーマの一つでマーケットに一番近いのは量子暗号だと思います。暗号通信に量子力学を使うと、非常に頑強になると期待されています。これは、現在の情報通信分野では当然求められています。あとは、たとえば時間標準について、原子時計に量子力学を使うことで、非常に精度が上がっています。

私が何を目指すかと聞かれたら、「量子の達人」じゃないですけど、様々な系を対象として量子力学的な制御を極めたいです。真空というと古典物理的には空っぽの状態ですが、量子力学的に言うと、真空というのは量子の揺らぎの海なんですよね。何もないように見えても、量子の揺らぎだけは存在している。そして、いくつかの物理現象では、その揺らぎの存在の効果を実際に観測することになります。場の理論と言って、何もないところに場という概念があって、その場が揺らぎを持っているというのが、量子力学の上での真空の描像なんです。

私の研究室がそういう場になって、優秀な人がいっぱい集まって、どんどん活躍してくれる場を作れたらいいなと思っています。

対談を振り返って

東京大学先端研では、年に一回ＯＢ（ＯＧ）総会というイベントがある。これまで先端研で研究に従事した研究者と現役スタッフとが集う場である。出席する研究者には、フルタイムで先端研に在籍した者もいるが、客員教授など、他大学や研究所のスタッフでありながら、月に何度か先端研を訪れた人もいる。毎回皆にぎやかに過去を振り返る。「とにかく日本で他にできないことをやるんだと皆で話し合ってね」「あの頃は助教授が威勢がよくて教授連中なんて相手にしないなどと言っていた」「この部屋で懇親会をしたんだよね」「壁紙が破れていたりしたのが、今となっては懐かしいな」「もっと開かれた研究所にならなくちゃ」などといった声が乱れ飛ぶ。

生き生きとした研究所の雰囲気は、今でも様々なところに受け継がれている。大学の附属研究所といえば、専門分野が決まっており、あくまでのその分野に関連する研究者が集まるものである。だが先端研では、先端であれば分野を問わず、文系・理系もあわせた多様な領域の研究者が行き来する。もちろんそれぞれ普段は自分の研究に没頭しているが、セミナー、懇親会ともなれば知的な異種格闘技の場である。何と言っても、自分の研究にとって、気づきの場となる。相手の反応は、筋違いのように見えることもあるが、それもまたなるほどと思わせるものがある。医学、工学、理学、経済、政治などなど種々の分野を横断して、「この研究は面白い」「このアイディアは使える」といった感度が研ぎ澄まされる。「先端研究ってこうだよね」という見方も自ずと作られ、それぞれの研究者の中でいわば血肉化されていくのである。

こうして先端研は、研究上のイノベーションを図るにはどうすればよいかを全員で考えてきた。そのための理想的な環境づくりを最初から意図していたわけではない。だが、異分野がミックスするよう研究所を立ち上げ、そこに東大内外の異能の人物を投げ込んできた。設立当初からいわばイノベーションの実験場であった。採算を問わない大学だからこそ可能な異例の場、それが先端研である。人口減と成長鈍化の現在の日本では、企業、官庁、ＮＰＯなどあらゆる場でアイディアが求められ、イノベーションが叫ばれている。先端研にはそのための数多くのヒントが詰まっているのである。

＊

本書は、先端研の教員同士の対談である。だが、そこは先端研ならでは。研究者一人一人は、独自の研究内容を語っているようでいて、他の分野から見られていることを意識しながら、言葉を選び、発想やアイディアのポイントを語っている。他の分野との違いを意識しつつ独自の世界を語るときに、アイディアの違いや共通点が浮かび上がる。ヒントがそこから見えてくるのである。いくつか紹介してみよう。

「先端」の研究はとがった先で、対象を捉えきることだ。だが、「現実は豊か」である。これはシステム医学の児玉龍彦さんの発言である。そうした「豊かな現実を投射」するのがサイエンスだと教授は言う。「きれいに表現する」には分析に必要な範囲で「次元」を減らす必要があるが、だからといってあるものを「切り捨て」てはいけないというのである。がんの薬を作る、生命現象を分子の動きで解析するといった研究の背後にはこうした認識がある。

他方、風力発電の実用化を研究している再生エネルギー分野の飯田誠さんによれば、自然は「不確か」だという。風力発電所の立地場所、風の流れなど、自然環境は時々刻々と変わる。鳥が風車の羽にぶつかる「バードストライク」も運用の際には大きな障害となる。当初の設計段階で、こうした要素を組み込まなければならない。「自然を相手にして、自然から学ぶ」ことが必要だ。「俯瞰して学問を見つめなおし、時に異なる視点で考える必要がある」のだ。このように、医学でもエネルギーでも、対象は異なるものの共通する姿勢がある。

「渋滞学」でマスメディアでの発言も多い西成活裕さんは、今まで誰も真剣に考えてこなかった「渋滞現象」を解明してきた。どうすれば、そんなオリジナルが生まれるのだろうか。誰も注目しなくても七年は続ける、周りからアイディアが降ってくる、ヒントは昆虫にあった、など、なるほどと思ったり、不思議に思ったりする話題が続く。アリは決して渋滞を作らないという。

どうやら「人間とは何か?」という問いの一つの形が「渋滞とは何か?」という渋滞学の根本なのである。

七年続けるという「頑張り」は大事だが、心が折れたりはしないのだろうか? これまたメディアでの発言も多い情報ネットワークを専門とする森川博之さんは、「先を読むセンス」とさらりと言ってのける。凡人は「それがあればなあ」とため息をつきそうだ。ただし、単に技術の未来予測ではなく、「ユーザーが受け入れるかどうか」が重要だとも言う。スマートフォンの技術は前からあったが、これほどまで普及するのは、ユーザーが支持したからなのである。そのために森川教授は、インプットし続けているという。谷崎潤一郎、内村鑑三は全集で、新聞はとにかく紙で読むという。情報ネットワークの達人は、インターネットからのインプットに頼っているわけでは決してないのだ。

＊

このように時代の先端技術の「先」を読むには、先端技術に寄りかかるだけでは生まれない。都市工学の西村幸夫さんは、都市計画に必要なのは「なかなか声が出なかったり、かたちにならなかったりするような人の声に耳を傾ける」ことではないか、それが大学の役割ではないか、と問いかける。元来都市計画は権力の側に立って、道路の位置、建築物の高さ制限など規制をかける論理を作ってきた。だが、これからのまちづくりは、それだけでは限界にぶつかる。だからこそ、最先端の大都市よりは、「あまり元気のない所を応援する」ことに研究の意味がある。さらに世界を見渡せば、アフリカの小高い丘ですばらしい宗教行事が行われている。そうした丘もまた価値ある場所であり、世界遺産ともなりうるのである。都市とは何か？　どのように形づくられているか、といった問いの向こうにはこうした柔らかくも暖かい人間へのまなざしがある。

東京大学は日本第一の大学と自認している。その反面「弱者」へのまなざしよりは、「強者」「勝者」の意識が強くなりがちである。筆者も先端研代表として、大学本部で経営の一端に関わったことがあるが、そこで会う人はたいてい全身「強者」としてのオーラが漂っていた。そんな雰囲気の大学の中、先端研には「バリアフリー」という研究分野がある。その第一線にあるのは、全盲ろう者として日本で初めて大学の正規の教授となった福島智さんである。自らの体験を生かしつつ、社会にある目に見えるバリア、目に見えないバリアをとりのぞくことが使命なのだという。それを教授は「化学反応における触媒」になることだと表現している。教授が人とコミュニケーションをとるときに、通訳者がつき、指で相手の話を教授に伝える。それは「人生全体で『実験』している」ことでもある。教授自身の経験を外へ伝えることに加えて、大学もサポートスタッフを備え、さまざまな障害を抱える人を受け入れるバリアフリーのための事務態勢も作る必要がある。「強者」の大学になりがちな東大の場合はなおさらである。もちろん社会の理解も不可欠である。

また、熊谷晋一郎さんは、脳性麻痺で手足が不自由でありながら、小児科医として臨床を行い、かつ自らの経験を理論化する「当事者研究」を進めている。熊谷さんはメディアにもエッセイを寄稿することが多いが、深い味わいのある言葉が持ち味だ。そんな熊谷さんの関心は、「見えない障害」をどう克服するかである。「見える障害」はニーズが健常者にもわかりやすい。だが「見えない障害」は当事者すらニーズをつかみ切れていないことも多い。当事者研究を進めることで、見えないニーズを発掘すること、客観化することで科学を豊かにすることがこれからの課題だというのである。

＊

これらは本書のごく一端である。一見相互に関係のないようにみえる分野で「先端」研究を進めていくと意外にも共通項は多いものだ。計量生物医学分野の浜窪隆雄さんは、「私の人生、『たまたま』ばっかしですね」と笑いながら振り返る。数学、医学、さらにはがん研究へと関心が移る中で、そのときどきの研究にこれまでの経験が生かされていたという。そして浜窪さんは、先端研をこう述べている。「大きいのはいろんな人と交流ができることです。何よりも、先端研に来て一番面白いのは、私の、夢みたいな、それこそ夢物語を私が言ったときに、みなさんが『やればいいじゃない』とおっしゃってくれることです。境界型の研究に対する理解やそれを行う土壊があって、その否定的な意見をほとんど言われないのです」。

浜窪さんはここに付け加えて「外のいろんな先生」は「まぁ、知らないからそういうことを言うんでしょうね」と言ったと述べている。日本の多くの場では、こういった反応が普通である。新しいアイディアからイノベーションを図るときに必要なのは、「知らない」ことや「境界」を排除せず、積極的に受け入れ合う環境を作っていくことなのであろう。初対面の浜窪さんが筆者に話しかけてくれたときのトピック、そのときの話題は、ある難病の原因がよく知られた別の現象なのではないかという仮説だった。文系の政治学が専門の筆者には、まったくの初耳であった。それでも、難病とその原因という二つを結びつける着想には心底驚かされたし、かつそれを素人の筆者に向けて熱く語る浜窪さんには強い印象を受けたものであった。

雰囲気作りは、先端研のＤＮＡである。量子情報物理工学が専門の中村泰信さんはＮＥＣの基礎研究所で研究成果を挙げた後、先端研に着任した。中村研究室は、サッカーなど研究外の活動も盛んなラボである。研究構想を語った後、中村さんは「優秀な人がいっぱい集まって、どんどん活躍してくれる場を作れたらいいなと思っています」と述べている。

異分野がそれぞれラボを構え、相互交流を図る。しかもどの研究者のマインドも、日本や世界の他にはない新しい研究を打ち立てることを目標に、何かヒントがあればと互いにまなざしを交わし合う。そんな研究所は他にはないだろう。法学研究科という大学でもとりわけ堅さが持ち味の学科に所属していた筆者も、こちらの研究所に来てみて気づいたことがある。浜窪さんが語るような、「たまたま」の機会がすごく増えているのだ。いや、正確に言えば、前の職場にもあったのだろうが、見落としていたのである。「知らないからそんなことを言う」のでは駄目だと思い込んでいたのだ。周りから刺激される日々の中、研究所の内外で人に会ったときに、「たまたま」からハッとさせられることは実に多い。今や生活の至る場でアイディアが転がっているように見える。しかもアイディアがアイディアを生む。やがて、どう次のアイディアに膨らませていくか、こちらもいろいろ考え出すようになるのである。

こうしたしくみの一端は、大学外のさまざまな場で応用できるだろう。何か新しい物を生み出したいときのヒントが、この本には詰まっているのである。

牧原　出

（東京大学先端科学技術研究センター教授・専門は政治学／行政学）

編者紹介

東京大学先端科学技術研究センター（先端研）

Research Center for Advanced Science and Technology
The University of Tokyo（RCAST, UTokyo）

先端研は、学術の発展と社会の変化から生じる新たな課題へ機動的に挑戦し、人間と社会に向かう先端科学技術の新領域を開拓することによって、科学技術の発展に貢献することを目的とする。
（東京大学先端科学技術研究センター規則 第2条）

東京大学で最も新しい附置研究所である先端研は、従来の大学の殻を破る研究・教育体制の推進拠点として1987年に発足。我が国の国立大学初の寄付研究部門の開設、大学の技術移転機関設立、我が国初の特任教員制度の創設、バリアフリー分野の創出など、制約に臆することなく、人間と社会が求める解に向けて、文系と理系の垣根を越えた領域横断の研究活動を行っている。

研究者や研究分野の多様性を最大の特色とし、材料、環境・エネルギー、情報、生物医化学、バリアフリー、社会科学の計6カテゴリーの研究領域を持つ。40にのぼる専門分野を冠した研究室が、理工系の先端研究と、社会科学やバリアフリーという社会システムに関わる研究を、基礎から応用、社会へと広範な領域で展開している。

また、先端研究の展開には人材育成が不可欠という考えから、東大の附置研究所で唯一、大学院（工学系研究科先端学際工学専攻 博士課程）を設置し、教育・研究指導を行う。特に有職の社会人大学院生を積極的に受け入れ、イノベーションを生み出す力を持った人材育成に取り組んでいる。

神﨑 亮平　Ryohei Kanzaki

東京大学 先端科学技術研究センター　所長

1986年 筑波大学大学院生物科学研究科博士課程修了。理学博士。アリゾナ大学博士研究員、筑波大学生物科学系教授等を経て、2004年 東京大学大学院情報理工学系研究科教授。2006年 東京大学先端科学技術研究センター教授、2013年4月より副所長、広報委員長、2016年4月より現職。日本比較生理生化学会前会長。生物の環境適応能（生命知能）の神経科学に関する研究に取り組み、特定の匂いを検出するセンサ昆虫や昆虫操縦型ロボット、「京」コンピュータによる昆虫脳の再現など、昆虫機能を再現した匂いセンサ・探索ロボット・脳の研究が注目されている。JST『ひらめき☆ときめきサイエンス』、スーパーサイエンスハイスクール（SSH）など、アウトリーチ活動も積極的に行う。著書：『昆虫ロボットの夢』（農文協、1998）、『理工学系からの脳科学入門』（共編、東大出版会、2008）、『サイボーグ昆虫、フェロモンを追う』（岩波科学ライブラリー、2014）ほか多数。

企画
東京大学先端科学技術研究センター 広報・情報室
神﨑 亮平

構成・編集協力
山田 東子（東京大学先端科学技術研究センター 広報・情報室）
加戸 玲子

装丁：渡邊 民人（TYPEFACE）
目次・扉レイアウト：清水 真理子（TYPEFACE）

■テキストデータの提供について
本書をご購入いただいた方のうち、視覚障害、肢体不自由などの理由から本書をお読みになれない方を対象に、本書のテキストデータ（電子データ）をCD-Rで提供いたします。

ご希望の方は、お名前・ご住所・お電話番号を明記した用紙、下の「テキストデータ引換券」（コピー不可）と200円切手を同封の上、下記住所までお申し込みください。
なお、データはテキスト形式のみで、イラストや写真は含みません。また、電子データの提供は本書発行から3年以内とさせていただきます。
［宛先］〒153-0041 東京都目黒区駒場4-5-29　東京大学出版会 営業局
『ブレイクスルーへの思考』テキストデータ係
※注意

キリトリ線

【引換券】
ブレイクスルーへの思考

ブレイクスルーへの思考
東大先端研が実践する発想のマネジメント

2016年12月22日　初　版

[検印廃止]

編　者　東京大学先端科学技術研究センター
　　　　神﨑亮平
発行所　一般財団法人　東京大学出版会
　　　　代表者　古田元夫
　　　　153-0041 東京都目黒区駒場4-5-29
　　　　http://www.utp.or.jp/
　　　　電話 03-6407-1069　Fax 03-6407-1991
　　　　振替 00160-6-59964
印刷所　株式会社平文社
製本所　牧製本印刷株式会社

ISBN 978-4-13-043037-1　Printed in Japan